Seit gestern hasse ich Möhren

MICHAEL BRESSER

Seit gestern hasse ich Möhren

Geschichten aus dem Alltagswahnsinn einer Patchworkfamilie

Mit Illustrationen von Jana Moskito

SCHWARZKOPF & SCHWARZKOPF

INHALT

KAPITEL 1

Wenn der Vater mit dem Sohn 9

Lachunterricht und Ratematik – Du kennst mich nicht – Oma
weint – Glückspiel in Lutter – Gutmensch – Das Zen der Kinder-
abholung – Freie Jagd im Tiergarten – Familienrekord im Kinderbaden – Die Zukunft unserer Kinder – Frauen ziehen mich mit
Blicken aus – Happy Birthday, Max – Jagd auf Willli – Spaß im
Möbelhaus – Das Gold liegt auf der Schiene

KAPITEL 2

Wenn die Ferne ruft 63

Norderney – Der Schatz von Steinhude – Bauchtanzen wie Imke –
Auf Tour mit Gerda – Wohnungstausch bringt Freudenrausch – Die
Apfelweinmafia

KAPITEL 3

Ein guter Freund ist das Beste auf der Welt 91

Ich tanze das Wort Gesundheit – Christkinds ungeschickter
Helfer – Gott richtet es schon – Allein mit Tante Gundula – Meine
beste Freundin – Der Querulant – Apfelschälen für den (Familien-)
Frieden

KAPITEL 4

Schöner Wohnen 131

Ausgeschlossen – Alarm mit Habermann – Saddams Vater – Die Rückkehr des Mopeds – Unsere neue Wohnung: Der Voodootempel – Unsere neue Wohnung 2: Ich kenne keine Katzenberge

KAPITEL 5

Abenteuer Alltag 157

Bei Anruf Mord – Ein schwieriger Patient – Besuchsterrorismus – Ich esse meine Suppe nicht – Pickelige Zehennägel – Schönen Tag noch – Ich war noch niemals auf Hawaii – In der Bahn mit Satan – Feng-Shui gegen das Gerümpel im Bücherschrank – Das Tantra der Spülmaschine – Wenn der Götterbote klingelt – Machs noch einmal, Wollo – Für Risiken und Nebenwirkungen – Unverhoffter Besuch kommt nicht oft

Für Steffi und Marten, die Liebsten in meinem Leben.
Für Oma Waltraud, meine Schwestern, Schwäger, Schwägerin,
Schwiegermutter, Tanten, Onkel und Nichten. Schön, dass ihr an
unserem Leben teilhabt. Für alle Freunde, Freundinnen und Be-
kannte. Gut, dass es euch gibt. Für Opa Helmut und unbekannter-
weise Opa Joachim. Wir denken oft voller Liebe an euch.

Hallo Neuland, altes Haus

Patchlife und ganz viel bunt – so schaut das liebe Beziehungsleben vieler Menschen heutzutage aus. Eine Tatsache, mit der einhergeht, dass nicht nur der neue Partner ins Leben tritt, sondern mit ihm auch dessen Kinder und weitere Anverwandte – einschließlich des Expartners und Ex-Ex und Ex-Ex-Expartners natürlich. Wenn man plötzlich Papa wird und sich darauf nicht neun Monate mental vorbereiten, geschweige denn langsam übers Windelwechseln, Flasche geben und Breichen füttern in seine neue Rolle hineinwachsen konnte, kann das den männlichen Part oft vor interessante Herausforderungen stellen und amüsante Erlebnisse bescheren. Auch die liebe Verwandtschaft sorgt für erheiternde Momente. Über und für all diese Facetten eines bunten, vielfältigen Familienlebens ist *Seit gestern hasse ich Möhren* geschrieben.

Geschichten, wie sie das Leben schreibt, Geschichten wie ich sie erlebt habe könnte, Geschichten, die Sie vielleicht in ähnlicher Form erlebt haben. Wenn dem so ist, bin ich erleichtert: Wir sind also nicht allein mit unserem chaotischen Leben, das vielleicht gerade deshalb so liebens- und lebenswert ist. Genau deshalb ist mir auch Michael, der Protagonist dieses Buches, so sympathisch. Nicht weil er den selben Namen trägt, sondern auch, weil er so ähnlich tickt wie ich selbst. Fast könnte ich es selbst sein. Aber ich muss Sie leider enttäuschen: Der Michael dieses Buches ist mein ausgeschmücktes Ich. Und genauso verhält es sich auch mit Andrea und Max und all den anderen Personen, die in all diesen kleinen Geschichten auftauchen. Sie haben schon verdammt viele Ähnlichkeiten mit meiner eigenen Familie. Ein Augenzwinkern hat sie einen Hauch anders gemacht. Ich kann Ihnen jedoch versichern: Im wahren Leben sind sie alle viel liebenswerter, gerade weil sie so sind, wie sie eben sind. Ich würde sie mit niemandem tauschen wollen. Sie sind die Lieben meines Lebens, das Salz in meiner Lebenssuppe.

Und vielleicht halten auch Ihnen die Geschichten einen Spiegel vor und zeigen Ihnen, wie wertvoll, kostbar und bunt ihr Familienleben doch eigentlich ist, und welche wunderbaren Perlen und Schätze unser Alltag für uns bereit hält. Wir müssen es nur erkennen.

Ich wünsche Ihnen viel Spaß beim Lesen und viele lustige und erhellende Momente!

Ihr Michael Bresser

I. KAPITEL

Wenn der Vater mit dem Sohn

Normalerweise hält ein Vater seinen Sohn zum ersten Mal als Baby auf dem Arm. Füttern und Windelwechsel lernt Mann durch Learning by Doing. Diese Jahre fehlen, wenn du deinen Stiefsohn erst im Alter von fünf Jahren mitheiratest. Essenzubereitung, Kinderbaden und später Hausaufgabenhilfe mutieren zu Herausforderungen, an denen Mann wächst. Vor allem, wenn ein Junge wie Max nicht auf den Kopf gefallen ist und zu allem eine eigene Meinung kundtut. Immer und überall. Leider hat er meistens recht.

1

Lachunterricht und Ratematik

In meiner Kindheit habe ich Hausaufgaben immer gemocht. Fast immer. Na gut, zumindest manchmal. Wahrscheinlich wird die Vergangenheit mit der Zeit beschönigt, aber die Erledigung der Hausaufgaben beendete das Pflichtprogramm des Tages, und ich durfte endlich mit meinen Freunden auf dem heruntergekommenen Bolzplatz in der Nachbarschaft Fußball spielen. Auch wenn Aufsätze über Ferien in der Bretagne und Plättchen schieben in Mengenlehre nicht zu meinen absoluten Tageshighlights gehörten: Was getan werden musste, wurde ohne großes Murren getan. Sagt jedenfalls meine Mutter.

Heute hasse ich Hausaufgaben, weil Max sie hasst, zumindest meistens. Manchmal machen sie auch unerwarteterweise Spaß, aber selten, schließlich hält diese lästige Tätigkeit genau wie Schlafen und Essen vom Spielen ab. Ein Stimmungstöter erster Güte.

»Max, wie viel ist 35 + 10? Das weißt du.«

»Gibt es Ufos nur in England?«

»Ich weiß noch nicht einmal, ob es in England welche gibt. Konzentrier dich bitte.«

»Fahren in diesen Ufos Außerirdische?«

»Ich weiß es nicht. 35 + 10 war unser Thema. Rechne bitte. Wir haben noch 30 weitere Aufgaben.«

»Ich werde später sowieso Lokführer, da brauche ich keine Mathematik. Ich muss nur fahren können.«

»Und wie willst du den Bremsweg berechnen?«

»Okay, dann werde ich Servicekraft bei der Deutschen Bahn. Da muss ich nur Essen in die Mikrowelle schieben. Das habe ich bei YouTube gesehen.«

»Aber du musst kassieren. Woher willst du ohne Mathematik wissen, wie viel Wechselgeld du dem Kunden geben musst?«

»Stimmt, das ist blöd. Also Koch.«

»Da musst du die Zutaten abwiegen. Das geht nur mit Mathematik. Du musst in jedem Beruf rechnen.«

Max überlegt.

»Dann werde ich gar nichts und bleibe immer bei euch wohnen. Ist doch auch schön.«

»Wir würden uns schon freuen, wenn du irgendwann deine eigenen Wege gehst. Und dafür brauchst du Mathematik. 35 + 7? *Bitte*!«

»War es nicht 35 + 10? 15.«

»Jetzt bin ich selbst durcheinander. 15 ist falsch. Bei beiden Aufgaben. Wie kommst du darauf?«

»Mathematik ist öde. Ich rechne lieber mit Ratematik. Sind Außerirdische eigentlich gefährlich?«

»Lass uns vielleicht lieber zuerst deine Sachunterrichtsaufgaben erledigen.«

»Lachunterricht, das liebe ich.«

Am Ende des Nachmittags hat Max zwar seine Sachkundeaufgaben erledigt, doch ich trage verzweifelt die Lösungen in Max' Mathematikheft ein. Er hat mir fest versprochen, weder Andrea noch seinem Lehrer davon zu erzählen.

Als ich fertig bin, sagt er: »35 + 10 sind 45. Meinst du, ich weiß das nicht? Ratematik beherrsche ich in Perfektion. Nächste Woche schreibe ich übrigens einen Mathetest. Kommst du mit in die Schule und hilfst mir wieder?«

Ich überlege.

»Den würde ich auch mit Ratematik lösen, und darin bist du definitiv besser.«

Du kennst mich nicht

Ernährung ist ein schwieriges Thema. Nicht für Andrea und mich, wir verhalten uns gustatorisch flexibel. Laut meiner Mutter war ich bereits als Kind ein Allesesser. Wenn sie da nicht ihre Erinnerung trügt. Als Kind hasste ich jegliche Art von Kohlspeisen, und die gab es in meinem Elternhaus an jedem Tag. Selbst an Weihnachten! Nur am Geburtstag hatte ich freie Essenswahl und Eier mit Spinat wurden aufgefahren. Aber vielleicht irre ich mich genau wie meine Mutter. Wir selbst machen es natürlich besser und bieten unserem Kind die komplette Fülle geschmacklicher Genüsse. Irgendwann wird er uns das danken.

Stiefvater und Sohn sind abends allein. Andrea muss noch arbeiten. Ich habe den Jungen unter größter Anstrengung von Shaun dem Schaf losgeeist. Nun steht Max vor dem Kühlschrank. Zur Auswahl stehen Käse aus der Normandie, Holland, Irland und Italien. Salami, Mortadella und Meerrettichpastete aus niedersächsischer Erzeugung. Fruchtjoghurts, Schokopuddings, Knuspermüslis. Ein Schlaraffenland.

»Nichts zu essen da«, kommentiert unser Sprössling enttäuscht. »Da muss ich heute hungern.«

»Bitte? Der Kühlschrank ist doch pickepackevoll. Du kannst essen, was dein Herz begehrt.« Ich fasse es nicht.

Max zuckt gelangweilt die Schultern.

»Das macht mich alles nicht an. Ich esse trockenes Brot.«

Wenn er nicht will, kann ich ihn nicht zwingen, sein Brot belegt zu verspeisen, denke ich. Aber wenn er das anderen Kindern erzählt. »Meine Eltern geben mir nur trockenes Brot.« Ich kann mir vorstellen, wie sich diese Info gleich einem Lauffeuer bei den perfekten Müttern von Max' Klassenkameraden verbreitet. »Was für Rabeneltern. Das muss man dem Jugendamt stecken.« – »Wenn ich es mir recht überlege, sieht er immer ein wenig blass und unterernährt aus.« Ich sehe schon eine verkniffene ältere Dame vom Jugendamt an der Tür klingeln und mich mit spitzem Finger vor die Brust piksen. »Sie wussten, dass ich komme. Nur deswegen liegen die ganzen Lebensmittel im Kühlschrank. Ich werde Ihnen den Jungen entziehen. Und wenn es das Letzte ist, was ich tue.«

Nein, das will ich nicht. Ich werde autoritär.

»Du belegst jetzt dein Brot. Keine weitere Diskussion. Sonst spielen wir nicht mehr nach dem Abendessen.«

»Na gut«, sagt Max missmutig. Ich lege ihm zwei Vollkorntoastscheiben aufs Frühstücksbrett.

»Ich will keinen Toast«, erklärt er und mümmelt bereits seine Käsescheibe.

»Wieso willst du keinen Toast? Wir kennen uns seit sechs Jahren. Du hast immer dieses Toastbrot gegessen.«

»Aber nicht gern. Ihr habt nur immer angenommen, dass ich das Zeug mag. Ist aber nicht so.«

Das Kind, das unbekannte Wesen. Kein Problem.

»Du kannst wie ich Leinsamenbrot essen.«

»Das ist mit Körnern! Körner mag ich nicht.«

»Seit wann denn das? Du futterst doch immer die Kürbiskerne von unseren Brötchen. Sind das keine Körner?«

Max überlegt. »Schon. Aber im Brot mag ich die nicht. Bei Papa gibt es viel leckereres Brot als bei euch.«

Jetzt werde ich sauer.

»Du bekommst auch bei uns jedes Brot, das dir schmeckt. *Jedes!* Welches Brot möchtest du?«

»50 Prozent Weizen, 50 Prozent Roggen.«

»Pass auf: Wir gehen beide jetzt in den Supermarkt und kaufen dein Lieblingsbrot. Ich lass mir nicht nachsagen, dass wir dich verhungern lassen.«

»Wir sollen noch mal raus? Nee, ich will lieber spielen. Heute kann ich noch mal Toastbrot essen. Den Belag esse ich aber vorher.«

EINE WOCHE SPÄTER

Bevor ich Andrea kennenlernte, füllte ich als Single meinen Magen mit Fertiggerichten. Vorzugsweise von bofrost*, aber die Weight-Watchers-Menüs habe ich auch verputzt. Ich liebe die Abwechslung. Andrea brachte mir bei, dass frisch zubereitetes Essen viel besser schmeckt. Nun haben wir beschlossen, uns gesünder zu ernähren. Deshalb haben wir eine Biogemüsekiste abonniert. Ein netter Fahrer bringt alle 14 Tage einen bunten Gemüsemix direkt ins Haus. Wir hätten sie auch wöchentlich bestellen können, doch wir wollen es nicht übertreiben. »Du könntest auch kochen. Es muss nicht alles an mir hängen bleiben«, meint Andrea. Sie hat recht. Wir sind beide berufstätig, also sollte auch die Hausarbeit gerecht geteilt werden. Allerdings hat sie 30 Jahre Erfahrung mehr. Aber Rezepte lesen und sich an die Anweisung halten kann nicht so schwer sein.

Heute ist Andrea zur Elternversammlung von Max' Klasse. Da erfreue ich unseren Sohn mit selbst gemachten Spaghetti bolognese. Mittags habe ich Biohackfleisch im Supermarkt gekauft. Tomaten, Zwiebeln und Möhren stammen aus der Gemüsekiste. Dazu Vollkornnudeln. Da soll mir jemand nachsagen, dass ich unser Kind schlecht ernähre. Besser geht es nicht.

Während ich in der Küche die Soße zubereite, schleicht sich Max herein.

»Was machst du da?«, fragt er misstrauisch.

»Kochen. Dein Lieblingsessen Spaghetti bolognese.«

»Warum kocht Mama nicht?«

»Weil Mama auf dem Elternabend ist. Ich kann auch kochen.« Dabei lehne ich mich etwas weit aus dem Fenster. Aber wenn ich genügend Selbstvertrauen ausstrahle, glaubt es Max vielleicht auch.

»Seit wann das denn?« Leider durchschaut Max meine Strategie.

»Seit … Ach, ist doch egal. Ich lese schon seit vielen Jahren Kochbücher. Jetzt bin ich bereit, mein theoretisches Wissen in die Praxis umzusetzen.«

»Aha.« Max glaubt mir nicht, doch zum Glück ist Spielen wichtiger als Diskussionen über ein eigentlich uninteressantes Thema.

Eine Viertelstunde später rufe ich den Sohn zum Essen.

»Für mich keine Soße.«

Jetzt bin ich wirklich enttäuscht. Da machst du dir die Mühe …

»Warum? Das ist doch dein Lieblingsessen, oder?«

»Aber das hast du selbst gekocht.«

»Es schmeckt immer besser, wenn man selbst kocht«, behaupte ich. »Probiere wenigstens.«

»Man vielleicht, aber du?«

Widerwillig lässt sich Max einen Löffel voll Bolognese neben seine Nudeln schöpfen, schüttet Käse über das Gesamtkunstwerk. Ich esse den ersten Löffel und bin stolz auf mich. Die Soße ist nicht angebrannt und schmeckt genau wie eine Bolognesesoße schmecken soll. Finde ich.

»Papas Soße schmeckt besser.«

Meine vor Stolz geschwollene Brust sinkt wieder in sich zusammen.

»Warum denn das?«

»Der nimmt Fertigsoßen aus dem Glas. Die sind besser gewürzt.«

Ich verzweifele.

»Beim zweiten Löffel schmeckt es besser. Du musst einfach mehr davon essen.«

Vollkommen unlogisch, aber es hilft. Max nimmt sich noch einen Löffel Soße, und noch einen …

»Iiiiiih!«

»Was ist denn nun los?«

»Da sind ja Möhren drin!«

»Möhren gehören in eine Bolognesesoße. Außerdem magst du doch Möhren. Mama gibt dir jeden Tag eine mit in die Schule.«

Max schüttelt den Kopf. Deprimiert und enttäuscht.

»Du weißt aber auch gar nichts über mich. Seit gestern hasse ich Möhren.«

Ich habe wieder mal versagt.

Am Abend telefoniere ich mit meiner Schwester und rede mir den Frust von der Seele. Die tröstet mich. Meine kleine Nichte mag weder Obst noch Gemüse, bis auf Bananen. Bei der älteren Nichte wechselt der Geschmack täglich, sodass meine Schwester nicht weiß, was sie für die Kinder kochen soll. Vielleicht liegt das Rabenelterngen bei uns in der Familie.

3

Oma weint

Max und ich lieben Musik. Das verbindet. Wenn er AC/DC geil findet, insbesondere die Phase mit Bon Scott in den 1970ern, freut mich das. Ich weiß allerdings nicht genau, ob er das nur sagt, um mir eine Freude zu machen. Aber egal, ich freue mich trotzdem.

Jetzt singt Max im Chor, im Polizeichor genau genommen. Die Trachtenträger haben an Max' Grundschule geworben und den Jungen begeistert. Das sollte ich als früherer Punkrocker ablehnen. Wer bereits als Kind mit der Staatsmacht schmettert, wird nie zum Rebellen. Andererseits soll Max allein entscheiden, was ihm Spaß macht. Hauptsache, meine Kumpels bekommen keinen Wind davon.

Schon bald steht das erste Konzert bevor. Im großen Saal des NDR-Landesfunkhauses, direkt am Maschsee. Dort spielen musikalische Schwergewichte wie Anne-Sophie Mutter, Frank Peter Zimmermann und Max. Ich platze vor Stolz. Mit meiner Punkband Kaputtwix habe ich früher nur vor 20 Besoffenen im Jugendzentrum unserer westfälischen Kleinstadt gespielt. Und die haben mit leeren Bierbechern nach uns geschmissen. Zum Glück haben sie uns meistens verfehlt. Max hingegen steht eine große Karriere bevor. Vielleicht landet er irgendwann bei den Thomanern und geht auf Welttournee. Vor meinem inneren Auge läuft unser Sprössling unter tosendem Applaus in ein Stadion in Rio de Janeiro und intoniert die brasilianische Nationalhymne vor einem Länderspiel. Die kleinen Mädchen schmeißen ihm Teddybären zu, Millionen Menschen bewundern ihn vor den Fernsehern. Selbst Angela Merkel winkt ihm huldvoll zu. Na gut, Ruhm hat auch Schattenseiten.

Doch vor dem Ruhm steht der Schweiß. Der ist in diesem Fall die sogenannte Prä-Generalprobe im Gemeindezentrum der Erlöserkirche. Zum ersten Mal sind Vorchor 1, Vorchor 2, Nachvorchor und Hauptchor vereint. Was heißt vereint? 30 bis 40 Jungen laufen, quatschen und johlen wild durcheinander. Alles normal. Bin ich froh, kein Lehrer geworden zu sein. Dann kommandiert Chorleiter Wiedemann die Jungs zusammen. Wir Eltern sollen auch ruhig sein! Sofort! Zu Befehl der Leutnant. Aber militärischer Ton hin oder her, der Mann hat die Jungs gut im Griff. Alle tanzen nach seiner Pfeife und intonieren brav *Muss i denn zum Städtele hinaus*. Obwohl ich musikalisch vielfältig interessiert bin, hasse ich volkstümliche Musik. Wenn allerdings der Sohn mitsingt, öffnet sich mein Herz.

Wenn der Sohn mitsingen würde! Wirklich alle Kinder mühen sich im Rahmen ihrer Möglichkeiten, nur einer bewegt seinen Mund nicht, zappelt herum und zeigt dem Nachbarn Hasenohren. Mensch Max, reiß dich doch zusammen. Ich möchte auch nicht wie andere übereifrige Eltern erzieherisch eingreifen. Aus meiner Jugend weiß ich, wie peinlich Eltern sind, die immer ihren Senf dazugeben müssen. Also blicke ich lieber in mein Buch, als Max' Fisimatenten zu beachten. Vielleicht beruhigt er sich dann.

Nach fünf Minuten linse ich über den Buchrand. Max knufft gerade den Nachbarsänger in die Seite. Kann ich das als Besserung werten? Doch da brauche ich mir keine Gedanken drüber zu machen, denn Wiedemann schickt Max nach draußen vor die Tür. Das ist mir peinlich. Andere Eltern scheinen schadenfroh zu grinsen. Ihr Kind ist immer brav. Na klar. Ich gehe zu Max. Der spielt unbekümmert vor sich hin. Ist schon faszinierend, dass sich Kinder völlig ohne Spielzeug beschäftigen können. Doch das ist jetzt völlig fehl am Platz.

»Max, ihr habt nächste Woche Konzert. Ich finde es nicht gut, dass du nicht ordentlich mit den anderen singst, Herr Wiedemann auch nicht.«

»Ich hatte heute nicht so große Lust. Wann gehen wir wieder schwimmen?«

»Lenk bitte nicht ab. Zu deinem Auftritt im großen Konzertsaal des NDR-Landesfunkhauses kommen Oma und diverse andere Verwandte. Die wären enttäuscht, wenn du nicht singen würdest. Vielleicht weint Oma.«

Wenn das nicht überzeugt.

»Vielleicht habe ich nächste Woche Lust. Kommen unsere Seelen in den Himmel, wenn die Welt untergeht?«

»Ich nehme es an. Aber die Welt geht nicht unter. Das verspreche ich dir. Geh jetzt bitte rein, entschuldige dich bei Herrn Wiedemann und sing vernünftig. Bitte.«

»Na gut, wenn ich dir damit einen Gefallen tue.«

Max setzt sich in der Pause auf seinen Platz im Chor. Wiedemann schaut ihn finster an. Er geht auf ihn zu, packt Max an der Schulter und redet auf ihn ein. Eindringlich. Und siehe da: Nach der Unterbrechung steht Max wie eine Eins, lässt sich nicht ablenken und trällert wie eine Lerche.

Auf dem Nachhauseweg frage ich: »Was hat Herr Wiedemann denn zu dir gesagt?«

»Nichts.«

»Komm, du hast dich doch auf einmal super verhalten. Irgendwas muss doch passiert sein.«

»Wir singen im Chor der Polizei, und Polizisten ziehen immer am gleichen Strang. Da darf keiner aus der Reihe tanzen. Da habe ich dann mitgemacht. Warum nicht.«

Okay, wenn es wirkt, ist mein Sohn mit acht Jahren Polizist. Und die Ansprache zeigt nachhaltige Wirkung. Auch das Konzert verläuft optimal. Max blickt starr ins Publikum und konzentriert sich auf seine Aufgabe. Vor ausverkauftem Haus. Die ganze Familie platzt vor Stolz. Max hat seine Lektion gelernt. Konzentration und Teamgeist sind wichtig.

Zumindest weiß er das bis zu den nächsten Hausaufgaben.

»3 x 4, wie viel ist das?«

»Wusstest du schon, dass Walter Ulbricht einen eigenen Zug besaß?«

»Max, jetzt konzentrier dich bitte. Denk daran, du bist Polizist. Die lassen sich nicht ablenken.«

Max schaut mich an. Nachdenklich, und auch ein wenig mitleidig.

»Michael, du brauchst jetzt nicht zu wiederholen, was Herr Wiedemann gesagt hat. Ich weiß, dass ich kein Polizist, sondern nur ein achtjähriger Schüler bin. Das zieht bei mir nicht mehr.«

4

Glücksspiel in Lutter

Ich bin kein ängstlicher Typ. Doch manchmal denke ich, dass gesunde Vorsicht im Leben nicht schaden kann, denn Unheil kann immer und überall lauern. Es tarnt und versteckt sich, es wiegt dich in Sicherheit, doch Vorsicht: Irgendwann offenbart es seine hässliche Fratze.

Ich denke an den letzten Sonntag. Eigentlich ein harmloses Ereignis. Schwägerin Renate feiert ihren 39. Geburtstag im Deutschen Eck in Lutter. Ein pittoreskes Fachwerkhaus von draußen; drinnen zeugen unter anderem die angegilbten Fotos vom lokalen Männergesangsverein aus den 1950ern von einem Siechen zwischen Leben und Tod. Tendenz zu Letzterem. Immerhin dürfte die letzte Renovierung höchstens 30 Jahre zurückliegen. Die frühere Wirtin ist vor einem Jahr mit zarten 85 Lenzen in eine höhere Dimension übergesiedelt und hat bis zum letzten Atemzug das Lokal geführt.

Seit einem Jahr nun braten Herbert und seine kroatische Freundin Vera Frikadellen und servieren Erdnüsse und Bier aus Überproduktionen beinahe bekannter Brauereien. Daher wird das Essen von einem anderen Lokal geordert.

Das einzig Bunte an diesem grauschwarz-beigen Ort blinkt rotgrün und piepst wie ein zehnjähriges Handy auf LSD: der Flipperautomat. Nun habe ich auch in meiner Jugend Metallkugeln in solchen Automaten herumgejagt. Wenn mein Taschengeld sich der Ebbe entgegenneigte, hörte ich auf.

Nach kurzer Zeit entdeckt Max dieses faszinierende Gerät. »Mama, hast du mal 'nen Euro?« Hat sie. Leider erschließt sich unserem Liebling nicht der komplette Sinn des Spieles. Er jagt die Kugeln den Inlane hoch und lässt sie von freudigem Lachen begleitet ins Outlane plumpsen. Ohne die Flipperfinger zu bedienen. Durch die unorthodoxe Technik dauert jedes Spiel nur wenige Sekunden. Hauptsache, der Junge hat seinen Spaß, denke ich zu diesem Zeitpunkt. »Oma, hast du mal 'nen Euro?« Wenig später. »Michael? Ein Euro für den Flipper?«

»Ich hab nur einen Zweier und Scheine.«

»Zweier geht auch. Einen Schein kann ich wechseln lassen. Super.«

»Nee, das finde ich doch ein wenig kostspielig. Vergnügt euch lieber mit etwas anderem«, zeige ich mich als Spielverderber. Findet er blöd, was aber noch lange kein Grund ist, die Flinte ins Korn zu werfen.

Man kann auch Leute anschnorren, die man nicht kennt. Für diesen Mut bewundere ich Max. Mit dieser Taktik ergattert er bestimmt fünf weitere Euros, die im gefräßigen Bauch des Spiderman-Flippers verschwinden. Schließlich versiegt die Spendenfreudigkeit der Partygäste, zumindest bei Max. Doch auf einmal fragt sein Cousin Florian seine Mutter »Mama, hast du mal 'nen Euro?« Klar hat sie. Florian läuft freudestrahlend zu Max, und die Steppkes klatschen sich ab.

Da überkommt mich ein spontaner Anfall, erzieherisch eingreifen zu müssen, denn die Angelegenheit droht finanziell auszuarten, und schließlich wissen Erwachsene viel besser als ihre Kinder, was für Gefahren von solch einem harmlos wirkenden Apparat ausgehen. »Glücksspiel kann süchtig machen, Max. Es gibt Menschen, die nur noch vor sich hin vegetierend Münzen in solche Automaten schmeißen, dabei das ganze Marlboro-Lager leerquarzen und ihre Leber in Jägermeister konservieren. Die können ihren Job als Lokführer nicht mehr ausüben. Und das willst du später doch werden.«

Er blickt mich erstaunt an. »Wieso Glücksspiel? Wenn ich den Ball hochschieße und herunterkugeln lasse, hat das nichts mit Glück zu tun. Das funktioniert genauso, wie ich es will.«

5

Gutmensch

Ich halte mich für einen Gutmenschen. Auch wenn dieser Begriff gern als Schimpfwort von rechten Populisten und Wutbürgern verwendet wird, adelt er mich. Ich habe muslimische Freunde, spende für meinen Fußballverein und bin nett zu meinen Mitmenschen, zumindest oft. Okay, öfter als der Durchschnitts-BILD-Zeitungs-Leser. Aber an manchen Tagen fällt mir diese Einstellung verdammt schwer.

Wir bekommen heute Besuch von den Schreiers. Die kennen wir nicht persönlich. Joe hat sie mir bei unserem letzten Stammtisch in Charlies Eck empfohlen.

»Wir treffen uns übrigens mit einer netten Familie aus der Wedemark. Bekannte von meiner Freundin Ingrid. Die haben Kinder in Max' Alter, sind sozial engagiert und künstlerisch interessiert. Ihr würdet gut zusammenpassen«, erzählt er beim letzten Bier.

Ich überlege. Max freut sich bestimmt über Kinderbesuch. Und wenn wir auf einer Wellenlänge schwimmen, warum nicht. Ich lasse mir die Rufnummer der Schreiers geben und lade sie am nächsten Tag für Samstag zum Kaffee ein. Am Telefon klingt er nett, dieser David.

Es ist 14.30 Uhr. Andrea hat den kompletten Vormittag Kuchen gebacken. Reistorte mit Ananas, die wir alle sehr lieben. Kakao- und ein Schokokusskuchen für die Kinder. Es ist alles für einen vergnüglichen Nachmittag unter Freunden bereit.

Als es klingelt, stürmt Max die Treppe herunter. Er kommt mit David, Birte und drei Kindern zurück. Die Schreiers sind etwas jünger als wir, Mitte 30 schätze ich. David trägt einen dunkelroten Pullunder zu schwarzer Stoffhose, Birte eine weiße Bluse zu dunkelblauem Rock. Etwas steif, vielleicht hätte ich doch nicht das Motörhead-Longsleeve anziehen sollen. Die Kinder wirken auch wie aus dem Ei gepellt.

»Wir grüßen euch. Möge dies ein unvergesslicher Tag werden.« Birte reicht mir die Hand.

»Moin«, sagt Andrea. »Wir freuen uns.«

»Darf ich euch unseren Nachwuchs vorstellen? Josef ist neun.« Er zeigt auf den größten Jungen. Er trägt einen dunkelroten Pullunder zu schwarzer Stoffhose und sieht aus wie David in klein.

»Hallo, Josef.«

»Ich fühle mich geehrt, in Ihre Räumlichkeiten eingeladen zu werden«, entgegnet Josef.

»Wie gewählt er sich ausdrückt«, lacht Birte. »Josef besucht einen Debattierclub im Gymnasium, obwohl er noch zur Grundschule geht. Ein kleines Genie.«

Das verschüchterte Mädchen im karierten Rock und gelber Strumpfhose heißt Sarah. Jakob, der Kleinste, ist vier. »Er ist hochbegabt. Wir haben uns überlegt, ihn schon jetzt einzuschulen. Was meint ihr?«

»Wenn er so talentiert ist«, murmele ich. Andrea blickt mich an und zieht die Augenbraue hoch.

»Kommt doch erst mal herein«, sagt sie.

23

»Gern. Ist aber auch kalt draußen.« David reibt sich die Hände.

»Die durchschnittliche Temperatur im Dezember letzten Jahres lag bei 3,8 Grad. Die Tiefsttemperatur in Hannover bei – 2,1. Da zieht man sich entsprechend an, Papa«, weiß Josef.

»Recht hast du, mein Sohn. Wie könnten wir ohne dein Wissen überleben.« Bin ich froh, dass Max kein Klugschnacker ist.

Zehn Minuten später haben die Schreiers ihre Garderobe abgelegt. Wir sitzen mit Birte und David um den Wohnzimmertisch. Sarah und Jakob sind mit Max im Kinderzimmer verschwunden. Josef sitzt lieber bei den Erwachsenen, weil unsere Gespräche seinen Wortschatz bereichern.

»Und du bist Autor, sagt Joe. Er hat mir auch einen deiner Romane mitgegeben. Willst du ehrliche Kritik hören?«, fragt David.

Eigentlich nicht. Dennoch sage ich: »Aber gern, konstruktive Ratschläge schaden nie.«

»Du versuchst auf Teufel komm raus witzig zu sein. Das wirkt verkrampft und schreckt die Leserschaft ab. Wir möchten kleine Bonmots zum Schmunzeln. Und dieser verrückte Handyverkäufer, der in das Haus seiner minderjährigen Kundin einbricht, um den Vertrag zurückzuholen, völlig unglaubwürdig. Nicht wahr, Birte?«

»Habe ich auch so empfunden. Sorry, Michael, das war nix.«

Ich weise darauf hin, dass in keinem meiner Romane ein Handyverkäufer eine Rolle spielt. Klingt eher nach Tommy Jaud. Aber die Schreiers schwören, dass es sich um mein Buch handelt. Ich gebe ihnen schließlich recht. War ein schwaches Buch von mir.

»Die Schriftstellerei ist nicht jedem vergönnt, Michael. Mir auch nicht, wenn es dich tröstet. Daher bin ich Lehrer geworden. Mir ist es wichtig, jungen Menschen zu helfen, ihren Platz im Leben zu finden. Spielt Max eigentlich ein Musikinstrument?«

»Etwas Keyboard. Das hat er sich selbst beigebracht«, erzählt Andrea.

»Prima, ein musikalischer Junge. Kann er uns etwas vorspielen?«

Warum nicht. Wir holen Max ins Wohnzimmer, der sich nur widerwillig vom Bahnspielen mit den Schreier-Kiddies trennt. Birte muss unterdessen zum Auto. Sie hätten etwas vergessen. Mir fehlt sie nicht, stelle ich fest.

Max intoniert auswendig *Guten Abend, Gute Nacht*. Wir platzen vor Stolz. Da klingelt es. Birte. Andrea öffnet ihr. Frau Schreier schleppt einem Gitarrenkoffer, Bongos und zwei Flöten in die Wohnung.

»Ganz nett, was euer Sohn da fabriziert hat, aber durchaus ausbaufähig.« David tätschelt Max' Kopf, was dieser mit angenervter Miene über sich ergehen lässt.

»Wir machen auch ein wenig Hausmusik, schließlich zahlt es sich aus, dass alle Kinder zwei Instrumente lernen. Bei Profis.«

Vor unserem Fernseher baut sich die Schreier-Band auf. David an der Gitarre, Birte Flöte, Josef schlägt die Trommeln und Sarah flötet auch. Der kleine Jakob spielt nichts. Er lernt Klavier und lehnt es ab, auf unserem Keyboard zu spielen, da Plastiktasten den Anschlag verderben.

He's got the whole world in his hand. Ich wusste gar nicht, dass der Song 15 Strophen hat. Obwohl es eigentlich perfekt klingt, hasse ich es. David und Birte schütteln rhythmisch ihre Körper wie Whoopi Goldberg auf Ecstasy. Das ist nicht schön.

»Ganz fein habt ihr das gemacht«, lobe ich gönnerhaft. »Aber den Flötenlehrer würde ich wechseln. Ich bin zwar absoluter Laie, manch unsauberen Ton habe ich dennoch herausgehört.«

Andrea tritt mich unter dem Tisch, aber das musste einfach gesagt werden. David schaut mich finster an, dann klärt sich seine Miene auf.

»Kritik eröffnet die Chance zum Wachstum. Schön, dass du ehrlich bist. Wir schauen uns nächste Woche nach einem neuen Musikpädagogen für Sarah um. Super.«

»Wollen wir nicht Kaffee trinken«, versucht meine Frau, die Situation zu entschärfen, weil sie merkt, wie ich innerlich koche.

»Oh, wir trinken keinen Kaffee«, sagte Birte. »Nur Tee aus biologischem Anbau. Wir sind gegen Umweltgifte allergisch.«

»Kein Problem. Haben wir auch.«

Nachdem wir die Kuchen aufgetragen haben, tritt die nächste Herausforderung auf.

»Sind die selbst gebacken?«, fragt Birte.

»Natürlich«, sage ich.

»Auch das Mehl selbst geschrotet? Industriemehl vertrage ich nicht.«

»Wir sind nämlich Selbstversorger«, erzählt David stolz. »Wir ernähren uns von dem, was unser Gärtchen uns bietet. Birte backt jeden Tag Brot aus selbst angebautem Korn. Unser Gemüse züchten wir auch. Gerade für Kinder in der Entwicklung ist eine gesunde Lebensweise unverzichtbar. Das wäre bestimmt auch für Max gut. Er macht einen nervösen Eindruck auf mich. Industriegifte!«

»Eigentlich ist Max ganz glücklich, so wie wir leben. Mit eigenem Korn können wir mitten in der Stadt nicht dienen. Also wollt ihr keinen Kuchen?«

»Wenn er vom Biobäcker ist, würden wir eine Ausnahme machen, nicht wahr, Schnuffelchen?«

»Ja, die Männer könnten zum Biobäcker gehen«, stimmt Birte zu.

»Ich gehe allein«, sage ich rasch. »Das will ich David nicht zumuten. Bei der Kälte.«

»Da wäre ich dir echt dankbar«, stimmt der mir glücklich zu. »Wir beide können noch beste Freunde werden, was, Michael.«

»Beste Freunde. Das habe ich auch gerade gedacht«, lüge ich, ohne rot zu werden.

Ich fahre eine halbe Stunde nach Linden zur Biobäckerei. Währenddessen verfluche ich mich unentwegt, mich mit diesen Wichtigtuern verabredet zu haben. Freunde suche ich mir in Zukunft selbst aus. Als ich vor der Biobäckerei stehe, kommt mir eine Idee. Für einen Euro bekomme ich einige Verpackungen. Da sind die jungen Damen sehr zuvorkommend. Dann gehe ich zum Billig-

Back-Shop nebenan und hole zwei Kuchen. Die verpacke ich mit den Biobäckerei-Verpackungen. Das ist kindisch, macht aber Spaß.

Wieder zu Hause, tische ich den vermeintlichen Ökokuchen auf.

»Da schmeckt man gleich den Unterschied«, doziert Birte. »Fast wie zu Hause«, schwärmt David.

»Vielleicht schrotet Andrea bald auch Körner. Außerdem solltest du Max eine Holzeisenbahn tischlern. Die sind einfach zu fertigen und viel gesünder für den Jungen als dieses Plastikzeugs. Bei uns kommt kein gekauftes Spielzeug ins Haus.«

»Das ist übrigens kein Biokuchen«, platzt es aus mir heraus. »Die hatten sich nur die Verpackung von dort geborgt. Der Biobäcker hatte geschlossen.«

Triumphierend schaue ich David an. Jetzt wird er wutentbrannt seine Gabel hinschmeißen und mit seiner Superfamilie im Schlepptau aus unserem Leben verschwinden.

David und Birte sehen sich tief in die Augen.

»Michael, wir wissen doch spätestens seit deinem Handyverkäufer-Roman, dass du einen Sinn für schlechte Späße hast. Es schmeckt hervorragend. Wir wissen, was Bio ist. So gut wie mit euch haben wir uns übrigens schon lange nicht mehr unterhalten. Wir treffen uns von nun an regelmäßig. Was haltet ihr davon?«

Als uns die Schreiers verlassen haben, beschließen wir, am nächsten Tag unsere Telefonnummer zu wechseln.

Ich rufe Joe an. »Was habe ich dir getan, dass du mir solche Leute auf den Hals hetzt?«

»Du hast meinen Geburtstag vergessen. Dafür solltest du einen kleinen Denkzettel erhalten.«

»Tut mir leid«, murmele ich. »Herzlichen Glückwunsch nachträglich. Aber musste die Strafe so hart sein?«

»Quatsch, ich hatte gar keinen Geburtstag. Reiner Selbstschutz. Die Schreiers hatten angefangen, sich bei uns einzunisten. Und diesen Bio-Kram kann ich nicht ab. Ingrid schon, die vermisst die Vollhorste auch. Sonst sind sie sonntags immer bei uns aufgelaufen.«

Joe schwört, unsere neue Nummer nicht an David weiterzugeben. Dafür verrate ich Birte nicht, dass Joe regelmäßig die Nachrichten der Schreiers von ihrem Anrufbeantworter löscht. Zum Glück rufen sie nie auf Handys an. Prinzipientreue hat ihre Vorteile.

Immerhin weiß ich seit dem Besuch der Schreiers eines sicher: Ein richtig guter Gutmensch bin ich noch lange nicht. Mir fällt schon der eine oder andere Zeitgenosse ein, dem ich die Nummer der Schreiers in die Hand drücken könnte.

6

Das Zen der Kinderabholung

Kinder haben oft irrationale Ängste: brachiale Gewitter, mit schleimigen Aliens ausgestattete Ufos oder den von bekifften Maya-Propheten prognostizierten Weltuntergang. Durchaus realistisch hingegen ist die Furcht, vom schusseligen Stiefvater in der Schule vergessen zu werden. Max war sechs oder sieben, als er eine Ahnung von der Fehlbarkeit seines Lieblingseishockeygegners bekam.

Ich erreichte gegen 18 Uhr unsere Wohnung, schlüpfte in die Jogginghose und ließ den Feierabendkaffee gemächlich durch den Filter tröpfeln. Als ich mich über die himmlische Ruhe freute, klingelten Festnetztelefon und Handy simultan. Meine Frau und Hortbetreuer Thomas redeten stereo auf mich ein. Vor zwei Stunden hätte ich Max abholen sollen. Sie hatten recht. Völlig verschwitzt. Unser armer Max. Ich sah ihn in Tränen aufgelöst in einer einsamen Ecke ein Matchboxauto von links nach rechts schieben. Von der ganzen Welt verlassen, insbesondere mir.

Ich riss die Jacke von der Lehne und düste in Rekordtempo den Kilometer zu Max' Schule. Erzieher Thomas blickte mich vorwurfsvoll an: »Kann passieren. Jeder hat mal einen schlechten Tag, darf es aber nicht. Eltern kann man sich nicht aussuchen.«

Ich kam mir wie der letzte Rabenstiefvater vor, der ich auch war.

»Entschuldigung, Max. Das kommt nie wieder vor. Ich hoffe, du hattest keine Angst«, drückte ich unseren Sprössling. Der befreite sich übel gelaunt aus meiner Umarmung und ballte die Faust.

»Wenn du zehn Minuten später gekommen wärst, hätte ich mit Thomas zur Demo gehen dürfen. So ein Scheiß. Wir hätten den blöden Nazis den Arsch versohlt.«

7

Freie Jagd im Tiergarten

»Mir ist langweilig«, nölt Max am Sonntagmorgen.

»Ich muss arbeiten«, erklärt Andrea. »Der Kunde will morgen das Konzept haben. Tut mir leid.«

»Ich muss dringend meinen Roman zu Ende lesen.« Fühle mich kaputt und möchte einfach nur entspannen. »Bau doch dein neues LEGO-Feuerwehrhaus zusammen.«

»Keine Lust. Mir ist langweilig.« Der Junge ist aber auch hartnäckig.

»Übe doch ein wenig Mathe. Der nächste Test kommt bestimmt.«

»Nö.«

»Bei dem schönen Wetter könnt ihr doch rausgehen. Wie wäre es mit dem Tiergarten.«

»Liebste, du weißt, wie ich Zoos hasse. Dort werden Tiere eingepfercht, nur um von uns Menschen angeglotzt zu werden. Es kann mir keiner erzählen, dass Löwen sich in einem deutschen Käfig wohlfühlen.«

»Das ist kein Zoo, sondern ein Wildgehege. Da laufen nur heimische Tiere herum. Bis auf die Wildschweine in Freiheit.«

»Da will ich hin«, bekundet Max.

Damit bin ich überstimmt. Ich rufe meinen Freund Joe an. Der kommt mit, da er sonst mit seiner Freundin Ingrid den aktuellen IKEA-Katalog sichten muss.

Eine Stunde später stehen wir vor dem Tiergarten. Ein schicker Park mit Wald und gut ausgebauten Wegen. Max ist begeistert. Joe ist alles egal: Hauptsache, keinen Gedanken an IKEA verschwenden müssen.

Max sieht unter den Bäumen ein Reh und läuft begeistert los. Währenddessen fischt Joe eine Zigarette aus seiner Camel-Packung. Seit unser Spaziergang vor fünf Minuten gestartet, ist es die zehnte.

»Findest du nicht, dass du weniger rauchen solltest?«, frage ich besorgt.

»Mich macht es nervös, dass Ingrid allein den IKEA-Katalog durchforstet. Sie entdeckt bestimmt jede Menge wunderbarer Möbel, die ich besorgen und später aufbauen muss. Da ist Rauchen nun wirklich mein kleinstes Problem.«

Er will die leere Packung in den Abfalleimer am Wegesrand schmeißen, doch der quillt über. Daher legt er sie darauf. In diesem Moment rast ein Fahrrad auf uns zu. Einen Meter vor Joe stoppt der Fahrer. Er trägt eine orangene Weste und eine mintgrüne Baseballkappe, zudem eine Sonnenbrille.

»Ranger Hansen von der Tiergartenverwaltung.« Jetzt ist Joe dran.

»Sorry, aber der Behälter ist voll. Ich nehme die Packung schon mit.«

Der Ranger nimmt seine Brille ab und mustert Joe verwirrt.

»Kein Problem, aber was anderes. Ist das Ihr Junge?« Er zeigt auf Max, der sich ins Gras gelegt hat und die erstaunlicherweise wenig scheuen Rehe aus nächster Nähe betrachtet.

»Nein, meiner.«

»Es ist verboten, die Wege zu verlassen, streng verboten sogar. Rufen Sie ihren Sprössling zurück. Sofort!«

»Er macht doch gar nichts«, versuche ich zu besänftigen.

»Er stört das Wild, daher ist es untersagt. Ich will nicht weiter mit Ihnen diskutieren. Lesen Sie lieber die Parkordnung.«

Ich rufe Max: »Du darfst nicht näher an die Tiere ran, sagt der Ranger.«

»Schade, aber kann man nichts machen.« Max zuckt die Schultern.

Der Junge ist erstaunlich ruhig, während ich innerlich mit dem Ranger hadere. Was für ein Wichtigtuer. Er hat sich mit seinem Fahrrad am Ende des Weges aufgebaut und beobachtet den Park durch ein Fernglas.

»Cooler Typ, dieser Ranger«, sinniert Joe. »Vielleicht wäre das auch was für mich. Du schützt die Natur und bekommst dabei Bewegung. Besser als mein Bürojob.«

Wütend tritt er auf einen Ast und kickt die Überreste in einen Busch.

»Mein Chef treibt mich noch in den Burn-out. Mehr Umsatz, mehr Gewinn, mehr Deckungsbeitrag. Im Park wäre ich mein eigener Herr.«

Plötzlich steht Hansen wieder vor uns.

»Stopp«, brüllt er. Joe hätte den Zweig nicht zerstören dürfen, aber schließlich lag der mitten auf dem Weg. Wenn ein Rentner drauftreten würde, könnte der sich verletzen. Joe schaut auch schuldbewusst aus der Wäsche. Seine neue Karriere ist beendet, bevor sie begonnen hat.

»Haben Sie ein Erziehungsproblem?«, fragt er mich schneidend.

»Nein.« Langsam werde ich wirklich wütend. Was will der Parkwächter von uns?

»Ich sehe nicht, dass mein Sohn irgendetwas Verbotenes macht!«

»Und das da? Ein weiterer klarer Verstoß gegen die Parkregeln.« Er zeigt auf eine Kastanie in Max' Hand, die dieser erschrocken fallen lässt.

»Es ist verboten, Eicheln, Kastanien und Bucheckern aus dem Park zu entwenden. Streng verboten. Lesen Sie sich in Zukunft unsere Hausordnung gründlich durch, wenn Sie keine Erfahrung mit Parkanlagen haben. Erwische ich Ihren Sohn noch einmal bei einem Verstoß, verweise ich Sie der Anlage.«

Er notiert etwas auf seinem Block, mustert mich abschätzig, dann fährt er davon.

»Lass uns nach Hause gehen. Ich habe genug frische Luft geschnappt. Willst du wirklich so ein Idiot wie dieser Hansen werden?«, frage ich Joe.

»Das ist kein Idiot, eher so eine Art Sheriff. Muss es auch geben, schließlich ignoriert Max die Parkregeln.«

»Du bist ein toller Freund. Schade, dass es keine Stasi mehr gibt. Du wärst ein hervorragender Spitzel.«

»Jetzt wirst du ungerecht. Breche ich die Regeln oder ihr?« Wütend steckt sich Joe eine Zigarette an, während Max einem äsenden Hirsch Brotkrümel zuschmeißt.

»Jetzt ist das Ende der Fahnenstange erreicht.« Breitbeinig steht Hansen vor uns. Nun erfährt Joe am eigenen Leib, wie viel Spaß es macht, gemaßregelt zu werden.

»Ich habe ihm schon immer gesagt, dass Rauchen ungesund ist.« Ich kann mir einen triumphierenden Unterton nicht verkneifen.

»Wieso Rauchen? Klar darf er das. Ist doch Natur pur. Aber es ist verboten, die Tiere zu füttern. Streng verboten. Sie haben Ihr Kind einfach nicht im Griff. Ich muss Sie auffordern, sofort unseren Park zu verlassen.«

»Haben Sie etwas gegen Kinder? Es würde reichen, wenn Sie uns höflich auf unsere Regelverstöße aufmerksam machen würden.«

»Natürlich habe ich nichts gegen Kinder, nur gegen Eltern, die sich einen Dreck um ihre verzogenen Blagen kümmern.« Er spuckt auf den Boden.

»Wie zum Beispiel die Eltern des Jungen, der auf der Wiese ein Feuer anzündet?« Ich zeige 20 Meter den Weg runter. »Da scheint überhaupt kein Elternteil in der Nähe zu sein.«

»Kevin«, brüllt Ranger Hansen. »Mach sofort das Feuer aus.«

»Lass mich in Ruhe, Papa. Du nervst.«

Den Weg zum Ausgang schaffen wir ohne Störung.

Joe stöhnt. »Vielleicht ist Ranger doch kein Job für mich. Zu viel Stress.«

Nur Max lächelt selig.

8

Familienrekord im Kinderbaden

Neulich habe ich meiner Frau Hilfe angeboten, Max in einen ausgehbereiten Zustand zu versetzen. Sie sagte: »Ich bin in Eile. Du darfst mal helfen, wenn ich mehr Zeit habe.« Okay. Früher haben solche Bemerkungen meinen Ehrgeiz angestachelt. Als unser Sohn vier war, sagte ich ihm, dass ich ihn schneller baden und anziehen würde als jemals zuvor.

Ich ging mit Max ins Bad und erzählte ihm, wir würden ein kleines Spiel spielen. Wenn ich ihm ein Signal gab, sollte er seine Arme heben. Ich würde ihn ausziehen und ihm in die Wanne helfen.

Ich füllte die Wanne und testete das Wasser. Dann sagte ich: »In Ordnung. Los!« Max hob die Arme, ich zog seinen Pullover aus, das Unterhemd, Hose, Unterhose, hob ihn hoch und setzte ihn in die Wanne.

»Na, Muchacho«, triumphierte ich. »Hat Andrea das jemals schneller geschafft?«

»Nein«, sagte er. »Aber Mama zieht zuerst meine Socken und Strümpfe aus. So fühlt sich das etwas unangenehm an.«

Ich wusste, dass ich noch viel über das Baden von Kindern lernen musste. Heute badet Max selbst. Es ist gut zu wissen, dass Kinder trotz unserer Erziehungssünden groß werden.

9

Die Zukunft unserer Kinder

Andrea verkündet, dass sie heute Abend einen Geschäftstermin wahrnehmen muss.

»Na und?«, frage ich sorglos. Ein Abend bei Champions League und einigen Bierchen wird mir ihre Abwesenheit versüßen. Max ist bei seinem leiblichen Vater. Sturmfreie Bude.

»Heute ist der Elternabend von Max' Klasse.« Ich blicke verständnislos.

»Dann geht halt keiner hin. Ich bin auch verabredet, mit dem BVB und Neapel.«

Andrea schaut mich traurig an.

»Ich verstehe dich, aber es geht um Max' Zukunft. Sind dir die Dortmunder wichtiger als das Wohl unseres Sohnes?«

Ich hasse Suggestivfragen. Außerdem habe ich keine Lust auf perfekte Eltern mit perfekten Kindern, die sich selbst gern perfekt reden hören.

»Ich bin für solche Veranstaltungen nicht gemacht«, protestiere ich.

»Schön, dass ich nicht für alles allein verantwortlich bin.« Andrea drückt mir einen Kuss auf die Stirn und verlässt die Wohnung. Ich werfe noch einen letzten, schmerzvollen Blick auf die Bierwerbung im Fernsehen und schalte mit zittrigen Fingern den Apparat ab.

Eine halbe Stunde später sitze ich mit Klas, Birte sowie Herrn und Frau Brettschneider dem Klassenlehrer Herrn Breder gegenüber. Ein intimer Kreis. Warum ausgerechnet ich diesen ergänzen muss, bleibt mir ein Rätsel.

Herr Breder freut sich, dass sich doch trotz des ungünstigen Termins während des Champion-League-Spiels interessierte Eltern eingefunden hätten. Ich habe ein schlechtes Gewissen, beteure aber, ohne rot zu werden, dass mir Max' schulische Karriere mehr am Herzen liegt als diese blöde Balltreterei. Alle nicken freundlich.

»Zunächst einmal etwas Erfreuliches«, eröffnet Breder die Versammlung. »Unsere Schule wird renoviert. Zudem wird die Aula erweitert. Das haben wir dem Engagement der Vorsitzenden unseres Fördervereins Herrn Haller zu verdanken.«

»Wann ist die Aktion abgeschlossen?«, fragt Herr Brettschneider.

»Die Maßnahmen sollen innerhalb eines Jahres durchgeführt werden.«

»Zu lang«, sagt Brettschneider. Zur Bekräftigung schlägt er mit der Faust auf den Tisch. »Es ist ein Unding, dass unser Kai-Wilhelm über so eine lange Zeit Belästigungen durch Lärm und Staub ausgesetzt wird.«

»Kai-Wilhelm ist Multiallergiker«, fügt seine Frau hinzu.

»Es ist doch toll, dass bei uns überhaupt Baumaßnahmen stattfinden können«, antwortet Breder. »An anderen Schulen wurde seit 30 Jahren nichts verändert, und es ist nicht absehbar, dass sich dieser Zustand ändert. Die Stadtkasse ist leer.«

»Finde ich dufte«, sagt Birte und nippt an ihrem Brennnesseltee.

»Und unser Sohn ist Ihnen egal, was?«, murrt Frau Brettschneider.

Ich sage: »Bauprojekte dieser Größenordnung sind nicht in einer Woche durchzuführen.«

»Kennen Sie sich damit aus?«, fragt Brettschneider.

Warum habe ich mich nur eingemischt. »Ein wenig«, gestehe ich. »Habe früher in der Sanierungsbranche gearbeitet.«

»Ich schlage vor, dass Herr Bresser im Auftrag der Klassenpflegschaft das Projekt überwachend begleitet«, beantragt Brettschneider.

Ich wehre mich mit Händen und Füßen, werde aber mit 4:1 Stimmen gewählt. Als ich den Posten ablehne, fragt Klas vorwurfsvoll: »Sind dir unsere Kinder gar nichts wert?«

Alle, einschließlich Herrn Breder, schauen mich traurig an.

»Ich freue mich riesig über meine neue Aufgabe. Ich kann es nur nicht so gut zeigen«, behaupte ich. Alle klatschen.

»Thema Arbeitsgemeinschaften. Wir freuen uns, den Schülern zwölf verschiedene Gruppen anbieten zu können.«

»London-AG, Comics zeichnen. Das bringt unsere Kinder kaum weiter«, kommentiert Frau Brettschneider. »Chinesisch, Spanisch, Investitionstheorie. Mit Kenntnissen auf diesen Gebieten steht unserem Nachwuchs die Welt offen. »

»Dafür fehlt uns leider das Personal«, winkt Breder ab.

»Außerdem sollen die Kinder auch Spaß an der Schule haben. Leistungs- und Karrieredruck setzen früh genug ein.«

»Du, das finde ich auch«, sagt Klas und bietet mir einen veganen Keks aus selbst geschrotetem Getreide an. Gar nicht schlecht.

»Das ist doch nicht Ihr Ernst?« Brettschneiders Blick fixiert mich.

»Wenn Sie sich für Ihren Sohn mit Mittelmaß zufrieden geben, ist das Ihre Angelegenheit. Andere Eltern wollen nur das Beste für ihre Kinder.«

Natürlich will ich auch nur das Beste für Max und seine Mitschüler. Es ist allerdings ein Fehler, das zuzugeben. Brettschneider verleitet mich zu dem Geständnis, Französisch im Abitur gehabt zu haben. Auch wenn ich die Sprache nie richtig gelernt habe, befähigt mich dies in den Augen der Versammlung, die neu zu gründende Chinesisch- und Spanisch-AG zu leiten. Als Autor hätte ich genug Freizeit, um meine Wissenslücken zu schließen. Herr Breder hält eine Ansprache, in der er uns über den grünen Klee lobt.

»Mit Eltern wie Ihnen sehe ich eine goldene Zukunft für unsere Kinder. Gebrüder-Grimm-Schule: Yes, we can.«

Andrea freut sich, als ich erzähle, dass ich mich engagieren werde. Als wir aber feststellen, dass ich meine Ehrenämter hauptberuflich ausüben muss, schrumpft die Begeisterung: Klassenpflegschaftsvorsitzender, Mitglied des Elternrates und Leiter von fünf Arbeitsgemeinschaften (darunter Finanzmathematik für Grundschüler und Quantenphysikalische Grundlagen für die 4. Klasse) lassen sich nicht nebenbei erledigen. Vor allem ohne Vorkenntnisse.

»Es ist doch nur zum Wohle der Kinder«, behaupte ich.

»Von mir aus. Den nächsten Elternabend besuche wieder ich«, bestimmt Andrea. »Dir fehlt das richtige Maß.«

Auf sanften Druck meiner Liebsten sage ich alle Verpflichtungen ab. Herr Breder behauptet, er könne mich verstehen. Den vorwurfsvollen Unterton in seiner Stimme überhöre ich.

»Nicht alle Eltern sind perfekt. Leider«, verabschiedet er sich.

Beim nächsten Elternabend sitze ich vor dem Fernseher und schaue Champions League. Genießen kann ich das Spiel nicht. Ständig schwirren Vorwürfe durch meinen Kopf, ob Max trotz fehlender Chinesisch-Kenntnisse später einen Job findet? Vielleicht weihe ich ihn privat in die Grundlagen der Sinologie ein. Ich notiere mir auf meiner To-do-Liste: Jede Woche mit Max bei Herrn Zhang im Lotusgarten essen gehen.

10

Frauen ziehen mich mit Blicken aus

Andrea hat heute Nachmittag einen wichtigen Geschäftstermin. Sie bittet mich, Max von der Schule abzuholen. Kein Problem.

»Er möchte sich heute mit Marvin treffen. Vielleicht könnt ihr zusammen zum Spielplatz gehen.«

Warum nicht. Als ich Max abhole, steht ein dicker Junge in Jogginghose neben ihm. Er trägt ein T-Shirt mit der Aufschrift *Ich bin als Kind schon Scheiße.* Was für Eltern ziehen so etwas ihrem Sprössling an?

»Du Kackfurz, du«, begrüßt mich der Junge. »Kackwurst nach Kackfurz.«

»Michael ist ein Blödmann.« Max freut sich, mich zu sehen.

Doch wenn der andere Junge Marvin ist, scheint er das Negative in Max zum Vorschein zu holen. Ich mag ihn nicht, will aber nicht vorschnell über ein Kind urteilen.

»Moin.« Ein Mann meines Alters, ebenfalls in Jogginghose und einem T-Shirt mit dem Slogan *Ich bremse auch für Frauen. Schließlich mag ich mein Auto* hält mir seine Hand hin.

»Ich bin Fred, Marvins Dad. Dann wollen wir mal die Spielplätze der Umgebung unsicher machen.« Er lacht wie der Weihnachtsmann in amerikanischen Filmen.

»Michael. Ich bin Max' Stiefvater.«

»Ho, ho, ho. Macht doch nichts.« Er haut mir jovial auf die Schulter. Wirklich witzig.

Wir betreten den Bus Richtung Spielplatz. Die Kinder stürmen lärmend voraus. Ich höre viele Worte, auch aus Max' Mund, die in unserem Haus nicht ausgesprochen werden, zumindest nicht, wenn der Junge zuhört.

»Ist was? Was schaust du mich so bescheuert an?«, herrscht Fred den Busfahrer an.

»Ihr Ticket?«, fragt dieser etwas verdutzt.

»Wenn ihr für eure beschissenen Todeskabinen auch noch Geld wollt, habt ihr euch geschnitten. Nicht mit mir.«

»Ohne Fahrschewin kommen wir nicht zum Spielplatz«, werfe ich ein.

»Dann verzichte ich. Ich lasse mich doch nicht ausrauben«, brüllt Fred.

»Ich übernehme das«, erkläre ich, bevor wir rausgeschmissen werden.

»Okay, bin zurzeit etwas klamm«, verrät Fred.

Ohne weitere Zwischenfälle – Gott sei Dank – gelangen wir zum Spielplatz. Während die Jungs sich am Klettergerüst austoben, gönnen wir Männer uns einen Kaffee. Ich zahle, weil Fred sein Portemonnaie vergessen hat.

»Und, was machst du sonst so?«, fragt Fred. Dabei beugt er sich vor und stiert mich mit aus dem Kopf tretenden Augen an.

»Autor, ich schreibe humorvolle Krimis und Geschichten.«

»Muss es auch geben. Halte nicht viel davon. Wenn du Autos reparieren könntest, hätte ich Verwendung für dich.«

Er nippt an seinem Kaffee und spuckt die Flüssigkeit unter lautem Geschrei auf den Tisch.

»Verdammt, ist das Zeug heiß. Bestell nächstes Mal etwas, was sich trinken lässt. Sonst hast du eine fette Klage am Hals.«

»Ich gebe mir Mühe«, beteure ich und schwöre, dass es kein nächstes Mal mit Fred geben wird. »Und du?«

Fred lehnt sich zurück. »Ich sammele Puzzles, seit ich sechs bin. Das füllt mein Leben aus.«

»Ein interessantes Hobby«, behaupte ich. »Wie viele hast du schon?«

Fred überlegt bestimmt fünf Minuten, addiert mit Hilfe seiner Finger, murmelt Jahreszahlen, schließlich sagt er: »Drei Stück. Aber nerv mich in Zukunft nicht mit so kniffligen Fragen.«

Bei den Kindern gibt es Schwierigkeiten. Marvin hat sich mit einer Gruppe Dreijähriger angelegt, die weinen, als hätte jemand ihr Kuscheltier ermordet.

»Willst du nicht nach dem Rechten sehen?«, frage ich. »Nachher gibt es noch ein Unglück.«

»Quatsch, Kinder wissen sich selbst zu helfen. Marvin hat übrigens einen schweren psychischen Schaden, falls du es noch nicht gemerkt hast. Der Junge ist komplett durch den Wind.«

»Wirklich? Ist mir völlig entgangen.«

Fred zündet sich eine Zigarette an. »Von Kindern verstehst du nichts. Sexueller Missbrauch, sieht doch ein Blinder. Das hat der Junge nie verwunden.«

Vielleicht sehe ich Fred und Marvin in völlig falschem Licht. Wahrscheinlich haben die beiden nur Pech im Leben gehabt und sind deshalb so, wie sie sind.

»Was ist Marvin denn passiert?«, frage ich so einfühlsam wie möglich.

»Wieso Marvin?« Fred schaut verblüfft. »Ich wurde sexuell miss-braucht. Alle Weiber ziehen mich mit ihren Blicken aus. Meine Ex ist dreimal am Tag über mich hergefallen. Vor dem Jungen. Kein Wunder, dass er nur Quark in der Birne hat. Auch wenn ich attrak-tiver als George Clooney bin, gibt ihnen das noch lange nicht das Recht, mich pausenlos zu belästigen. Ich habe meine Ex angezeigt. Die darf sich mir nur bis auf 100 Meter nähern.«

Der Kerl ist vollkommen irre.

»Da kannst du lange glotzen. Ich zieh mich nicht aus«, schreit Fred eine junge Mutter an, die einen Kinderwagen an uns vorbei-schiebt. Diese zeigt ihm einen Vogel, was seine Wut verstärkt. »Alles Schlampen«, knurrt er.

»Wir müssen jetzt auch nach Hause«, möchte ich diese unerfreu-liche Begegnung so schnell wie möglich beenden.

»Schade, wo wir uns gerade angefreundet haben«, sagt Fred. Am liebsten würde ich ihm ordentlich die Meinung geigen. Aber auf weitere Wutanfälle habe ich keine Lust.

»Kommst du, Max?«, rufe ich meinen Sprössling.

»Ich kann dich auch verstehen«, sagt Fred. »Ich bringe jedem nur Unglück. Hast recht, uns allein zu lassen.«

»Wieso?«, frage ich, während ich den Reißverschluss meiner Jacke schließe.

»Bei jedem meiner neuen Freunde wurde eingebrochen. Seltsa-mer Zufall, was. Klaus, mein ehemaliger bester Freund, wäre sogar fast erwürgt worden.« Wehmütig rotzt er auf den Boden und reibt sich die Hände.

Innerhalb von drei Minuten hetzen Max und ich vom Spielplatz.

»Marvin ist ein super Typ. Wir wollen uns morgen wieder tref-fen«, erklärt mein Sohn.

»Morgen hast du leider keine Zeit, übermorgen und den Rest des Jahres auch nicht«, belehre ich ihn.

»Warum denn das?«, fragt Max ungläubig. »Ich habe doch gar nichts vor.«

»Das wirst du erst verstehen, wenn du erwachsen bist«, beende ich die Diskussion.

Am Abend lege ich mich früh schlafen. Bald träume ich von Fred, der unsere Wohnungstür aufsägt, um mich im Schlaf zu erdrosseln, weil ich ihn sexuell belästigt habe. Auf einmal stehe ich senkrecht im Bett. Da macht sich wirklich jemand an unserer Haustür zu schaffen. Fred! Was mach ich denn nur? Panisch sehe ich mich nach potenziellen Waffen um. Natürlich finde ich nichts; bisher musste ich mich noch nicht gegen Einbrecher verteidigen. Da erblicke ich Max' Donald-Duck-Kissen. Ich greife es mir und schleiche zur Tür. Durchs trübe Glas kann ich eine Gestalt erkennen, die am Schloss herumfummelt. Ich nehme meinen ganzen Mut zusammen und reiße die Tür auf, das Kissen als Bollwerk vor meinem Bauch.

»Hallo Schatz, ich wusste nicht, ob du noch wach bist. Leider habe ich meinen Schlüssel vergessen«, begrüßt mich Andrea.

»Schläfst du jetzt auf Donald Duck? Und, alles gut bei dir?«

Ich versichere, mich noch nie besser gefühlt zu haben.

»Und wie war es mit Max und Marvin? Haben die beiden nett gespielt?«

»Super! Nur ein Tipp für die Zukunft: Wenn du hässliche Männer in Jogginghosen siehst, schau schnell weg.«

»Warum?«, fragt meine Liebste erstaunt.

»Manche Dinge verstehst du erst in ein paar Jahren. Glaub mir einfach.«

11

Happy Birthday, Max

Ich liege mit einem Buch im Bett und stehe kurz vorm Wegdämmern. Vor meinem inneren Auge läuft bereits der morgige Tag ab. Max hat Geburtstag. Alle Geschenke sind besorgt, der Kuchen ist gebacken und die Freunde sind eingeladen. Andrea wird mit den Kiddies Minigolf im nahe gelegenen Langenhagen spielen. Die Gesellschaft isst und fährt glücklich nach Hause. Wir freuen uns auf einen entspannten Tag, an dem leuchtende Kinderaugen unsere Herzen erwärmen.

»Es gibt ein Problem«, sagt Andrea und blickt von ihrer SPIEGEL-Lektüre auf.

»Du wusstest doch, dass dieser BILD-Fuzzi Blome das Blatt versaut«, murmele ich.

»Nein, ich meine ja, aber darum geht es nicht«, sagt meine Liebste. »Ich muss leider morgen ein neues Konzept in Berlin präsentieren. Das lässt sich leider nicht verschieben.«

Ich setze mich auf.

»Morgen ist Max' Kindergeburtstag.«

Andrea seufzt. »Ich habe alles versucht. Meinst du, dass du allein mit den Kindern fertig wirst? Ist für einen Mann bestimmt nicht einfach. Du hast so was schließlich noch nie in Eigenregie gedeichselt.«

Nun bin ich wieder hellwach. »Natürlich bekomme ich das hin. Max wird die fantastischste Party seines jungen Lebens feiern.«

Andrea küsst mich. »Es beruhigt mich, dass du keine Probleme siehst. Selbstverständlich ist das nicht.«

»Für mich schon«, beteuere ich.

Am nächsten Morgen wecken wir Max bereits um sechs Uhr, damit Andrea rechtzeitig die Bahn nach Berlin erwischt. Immerhin: Im Gegensatz zu mir stört ihn die frühe Weckzeit. Während seine Eltern voller Inbrunst *Wie schön, dass du geboren bist* intonieren, rast der Junior bereits in die Küche, um Geschenke auszupacken. Buch. Aha, in die Ecke. Pulli? Auf den Boden. LEGO-Flugzeug? Na, bitte. Max strahlt.

»Mama muss jetzt nach Berlin, Max. Michael wird mit euch Kindern zum Minigolf fahren.«

»Mhm, warum nicht«, grummelt Max desinteressiert, während er die Packung öffnet.

»Ja, dann. Viel Spaß«, drückt Andrea unserem Sohn einen Kuss auf den Hinterkopf.

»Dir auch.«

Als Andrea das Haus verlassen hat, habe ich leichte Probleme, Max zum Frühstücken zu bewegen.

»Habe keinen Hunger«, blickt er nicht einmal von seiner Konstruktion auf.

»Aber der Kuchen ist doch so lecker«, stopfe ich mir ein Stück in den Mund und kaue betont lustvoll.

Essen kann er ja auch später, denke ich, als er widerwillig Richtung Schule losstapft. Ich verbringe den Vormittag mit dem Einkauf der fürs Abendessen geplanten Spaghetti bolognese. Als ich vom EDEKA zurück bin, fällt mir ein, dass vielleicht manche Kinder die langen Nudeln nur schwer essen können. Also laufe ich wieder los und frage eine Angestellte, welche Nudeln für Kindergeburtstage am geeignetsten sind. Die junge Frau schaut mich missbilligend an.

»Kochen Sie zum ersten Mal?«

»Nein, natürlich nicht«, sage ich entrüstet. »Bestimmt zum zweiten oder dritten Mal. Ich habe nicht mitgezählt.«

»Typisch Mann. Versuchen Sie es mit Makkaroni oder Fussili. Bereiten gute Eltern selbst zu. Ist für Sie aber bestimmt schwierig.«

Mit schlechtem Gewissen packe ich zwei Beutel Makkaroni in den Einkaufswagen und bedanke mich. Noch nie hat mich jemand als schlechten Vater bezeichnet. Ist da was dran? Aber ich habe keine Zeit, mir solch philosophische Gedanken zu machen. Zu Hause verstaue ich die Einkäufe und setze mich in die Bahn Richtung Hauptbahnhof. An der Reiterstatue auf dem Vorplatz wollen wir uns mit den anderen Kindern treffen. Max und zwei Jungen warten bereits.

»Hallo, Jungs.«

»Michael. Das ist mein Stiefvater«, erklärt Max. »Der ist ganz nett.«

Zwei Kinder fehlen noch, wenn ich mich recht entsinne. Doch erst einmal muss ich die drei anwesenden in den Griff bekommen. Die versuchen aufs bestimmt drei Meter hohe Denkmal zu klettern.

»Bitte geht da runter«, versuche ich es. Kein Erfolg.

»Kinder, ich möchte und muss euch alle gesund wieder abliefern.«

»Stell dich nicht so an, Michael«, sagt Max. »Wir können alle klettern.«

Einer der Jungen, ich glaube, es ist Leon, kippelt aber bedenklich. Ich sehe mich bereits mit dem Taxi in die Notaufnahme rasen. Wie ist Andrea nur mit den Rabauken in den Vorjahren fertig geworden.

»Runter da! Keine Diskussion. Wenn sich einer verletzt, machen mir eure Eltern die Hölle heiß.«

»Warum sollten sie das?«, fragt der andere Junge. Klas, fällt mir sein Name ein. Der war schon einmal bei uns zu Hause.

»Weil sie dich lieb haben«, vermute ich.

»Aha. Nun gut«, mault er.

Die restliche Partygesellschaft trifft ein. Ein Mädchen namens Shakira, das mit einem Handy rumspielt, und Hassan, ein sehr höflicher Junge, der regelmäßig die besten Klassenarbeiten schreibt. Seine Eltern mustern mich zweifelnd.

»Passen Sie gut auf unsere Kinder auf«, sagt Dr. Öztürk, Hassans Papa.

»Selbstverständlich.« Ich bin entrüstet. »Ich werde die Kinder wie meinen Augapfel hüten.«

Dieses Versprechen wird bereits im Bahnhof auf eine harte Probe gestellt. Die Kinder rennen nämlich plötzlich los. Fangsteck, eine Kombination aus Fangen und Verstecken. Ich stehe allein da. Dabei ist allein eine gnadenlose Untertreibung, denn mit mir laufen gefühlt tausend Leute durch den Bahnhof. Nur kein Kind weit und breit. Ich fühle mich restlos überfordert und beneide Andrea, die nur eine läppische Präsentation, bei der es um mehrere Zehntausend Euro geht, halten muss. Zumindest laufen ihre Teilnehmer nicht unmotiviert davon, um sich zu verstecken.

»*Max*!«, brülle ich.

»Was ist denn?«, fragt dieser hinter mir. »Du darfst doch nicht mein Versteck verraten.« Strenge liegt mir nicht, aber jetzt hilft nichts anderes.

»So läuft das nicht, mein Freund. Du sammelst alle Kinder ein, dann gehen wir zum Bus. Diszipliniert wie bei der Bundeswehr. Keiner tanzt aus der Reihe, und alle hören auf mein Kommando. Hast du verstanden?«

»Was passiert sonst?«

»Dann ist die Geburtstagsparty beendet. Ich werde ungern verklagt.«

Max verdreht die Augen, flitzt durch die Menschenmenge und kehrt kurze Zeit später mit den anderen Kindern zurück. Ich bin nicht religiös, schicke aber sofort ein Dankgebet Richtung Himmel.

Nun marschieren die Kinder in Zweierreihen Richtung Straßenbahn, ich hinterher, damit ich alle im Blick habe.

»Shakira! Bleib in der Reihe«, muss ich nur einmal brüllen, als der Anblick eines Mobilfunkshops interessanter als der Fußmarsch wird. Sonst läuft alles wie geschmiert.

Am Minigolfplatz stehen wir vor verschlossenen Türen. Das kann doch nicht wahr sein. Laut Schild müsste geöffnet sein. Die Sonne strahlt, mir fällt kein Grund ein, warum wir nicht den kleinen Ball in Löcher jagen können. Was mache ich nun mit meinen Kindern?

Die Entscheidung wird mir abgenommen, weil Hassan einen Spielplatz entdeckt hat. Sekunden später stehe ich allein da. Egal, Hauptsache sie haben ihren Spaß.

In diesem Augenblick schlurft ein Mann in grauem Kittel heran und schließt die Tür auf.

»Oh, ich dachte schon, Sie hätten heute geschlossen«, sage ich.

»Muss ich mich für alles rechtfertigen? Ich muss auch zum Arzt, muss einkaufen und habe eine Frau, die alle fünf Minuten etwas von mir will. Da kann es doch nicht sein, dass rumgebrüllt wird, nur weil ich diesen Scheiß-Minigolfplatz eine halbe Stunde später öffne.«

Ich pflichte ihm bei und entschuldige mich, dass wir ihn belästigt haben. Das stimmt ihn freundlicher und mir gelingt es wirklich, die Kinder vom Spielplatz weg zu lotsen. Wenn Andrea mich sehen würde, wäre sie stolz auf mich.

»Michael, Klas hat mich mit dem Minigolfschläger gehauen.« Hassan zupft an meiner Jacke.

»Bitte sei vorsichtig, Klas.«

»Wievielte bin ich jetzt?«

»Du hast noch gar nicht gespielt, Shakira. Erst wenn alle geschlagen haben, kann man die Ergebnisse vergleichen.«

»Ich habe aber schon geschlagen. Auf welchem Platz bin ich jetzt?«, fragt Leon.

Nach zehn Bahnen bin ich ein Nervenbündel. Ich reagiere auf jede Frage, jedes Zerren an meiner Hose, Jacke oder Brille gereizt. Immerhin sind die Kinder bis jetzt körperlich unversehrt.

»Ich habe Hunger«, erklärt Max schließlich. »Wann gibt es was zu essen?«

Ich schaue auf die Uhr. Mist. Um 18 Uhr werden Max' Gäste abgeholt. Bis dahin sollten alle gespeist haben.

»Wir brechen auf«, erkläre ich.

»Aber wir haben doch noch nicht einmal die Hälfte aller Bahnen geschafft«, protestiert Klas.

»Wir spielen Kinderminigolf, da wird nur der halbe Platz absolviert«, lüge ich, ohne rot zu werden. Nur Max mustert mich prüfend, es gibt aber keine Widerworte.

Wir hasten Richtung Bus. Während unserer Flucht verkündige ich die Ergebnisse. Max hat knapp vor Shakira, Hassan und Leon gewonnen. Leon will sich auf den ersten Platz diskutieren, weil Max auf die Bahn getreten ist. Bei der Leichtathletik würden Übertreter auch disqualifiziert.

»Ihr habt alle gewonnen«, erkläre ich salomonisch.

»Max ist der Sieger«, stellt Shakira wütend fest.

Was bin ich froh, als wir endlich zu Hause ankommen. Ich stelle den Herd an und bringe das Nudelwasser zum Kochen, während die Kinder in Max' Zimmer Geräusche wie bei *Terminator*-Filmen erzeugen. Rasch decke ich den Tisch und wundere mich über die eigene Effizienz. Innerhalb einer halben Stunde gelingt es mir, das Essen auf den Tisch zu stellen.

»Essen ist fertig!« Keine Reaktion, nur Krach und Gebrülle, dabei kommen in einer Viertelstunde die anderen Eltern.

Ich klopfe an Max' Zimmertür.

»Was ist denn?«, rammt mir Klas ein Flugzeug in den Magen und lacht sich schlapp. Die haben Adrenalinbonbons genascht.

»Jetzt wird gegessen. Punkt.« Strenge liegt mir nicht, funktioniert aber. Die Horde spaziert im Gänsemarsch in die Küche.

»Was gibt es denn?«, krakeelt Leon.

»Spaghetti bolognese, Max' Lieblingsessen.«

»Iiih«, stöhnt Shakira. »Ich bin Vegetadinsbums. Ich will nur Nudeln.«

Alle Kinder erklären sich solidarisch. Nur Nudeln würden reichen. Leider begehe ich den Fehler, die Bolognese-Schüssel nicht rechtzeitig abzuräumen. Klas entdeckt die Möglichkeit, Hackfleischbrocken mit dem Löffel wie mit einer Steinschleuder auf Leon zu schießen. Der Rest der Partygesellschaft ist begeistert und ballert munter mit. Meine Schreie des Entsetzens gehen im allgemeinen Lärm unter. In kürzester Zeit sieht unsere Küche aus wie das Hamburger Schanzenviertel am 1. Mai. Als es klingelt, verspüre ich grenzenlose Erleichterung. Im Minutentakt werden die Kinder abgeholt. Die mit Hackfleischsoße gesprenkelte Kleidung wird geflissentlich ignoriert.

»Und gleich kommt Mama«, freut sich Max. Mein Herz bleibt stehen. Andrea wird mich nie wieder allein einen Kindergeburtstag betreuen lassen. Ich weiß nur noch nicht, ob ich die Wohnung noch mehr verwüsten sollte. Doch der Engel auf meiner Schulter behält die Oberhand.

»Die Blöße gibst du dir nicht. Du willst doch ein Musterstiefvater sein, oder?«, flüstert er.

»Komm, Max. Wenn Mama dieses Schlachtfeld sieht, schmeißt sie uns beide raus. Das willst du doch auch nicht.«

Max staunt. »Doch nicht an meinem Geburtstag. Dich könnte es natürlich schon treffen«, grinst er. Als er meine verzweifelte Miene bemerkt, fügt er rasch »Aber ich mag dich, deshalb helfe ich dir« hinzu.

Als Andrea eine Stunde später die Wohnungstür öffnet, findet sie Max und mich entspannt auf dem Sofa.

»Wie war der Kindergeburtstag, meine Schätze?«

»Fantastisch«, behauptet Max.

»Und, waren die Kinder lieb?«

»Es war das pure Vergnügen. Vollkommend entspannend«, lüge ich.

»Hätte ich nicht gedacht, aber wenn du es sagst«, streicht Andrea mir über den Kopf. »Ich habe am Bahnhof Hassan getroffen. Der sah aus, als hätte er in Hackfleischsoße gebadet. Aber wenn du sagst, dass alles in Ordnung war …«

Nächstes Jahr optimiere ich die Organisation der Feier. Am liebsten mit Andrea zusammen.

12

Jagd auf Willi

Mein Verhältnis zu Tieren ist ambivalent. Hunde finde ich im Großen und Ganzen knuffig, selbst einen halten würde ich nicht. Tierhaarallergie. Meine Kehle schnürt sich zu, mein Magen rumort und die Augen tränen wie nach einem *Titanic*-Kinoabend. Schlangen und Fische sind okay. Sie lassen mich in Ruhe, ich sie. Ein guter Deal für beide. So könnte man eigentlich mein Verhältnis zur gesamten Tierwelt charakterisieren: wertschätzende, friedliche Ko-existenz. Eigentlich gibt es nur eine Gattung Tiere, die ich hasse wie Beelzebub das Weihwasser. Und ein Exemplar dieser verdammten Viecher fliegt momentan durch unsere Küche.

»Keine Bewegung«, rufe ich. Der Brummer hat sich gemütlich auf unserer Küchenlampe niedergelassen. Andrea und Max erstarren.

»Ist alles in Ordnung mit dir, Michael?«, fragt Andrea besorgt.

»Dieser Brummer muss gefangen werden. Das geht nur, wenn in seiner Umgebung absolute Ruhe herrscht. Ansonsten fliegt er weg. Ist doch logisch.«

»Warum muss der Brummer gefangen werden?«, fragt Max.

Ich streichele ihm über den Kopf. »Weil Fliegen die ekelhaftesten Geschöpfe dieser Welt sind. Wusstest du, dass sie sich von Kot, Ab-fällen und sogar Leichen ernähren?«

»Ist nicht wahr. Aber doch nicht Willi?«

»Wer ist Willi?«

»Willi, die Fliege an der Lampe. Max und ich haben sie Willi ge-tauft. Sie sieht dem Freund der Biene Maja ziemlich ähnlich, oder?«

»Wie kann man diesem blöden Viech einen Namen geben? Außerdem willst du doch nicht diese fette Schmeißfliege mit einer freundlichen Honigbiene vergleichen?«

»Fliegen sind auch nützlich. Sie helfen bei der Abfallverwer-tung«, weiß Max. »Außerdem hast du auch einen Namen.«

»Was soll denn das heißen? Ja, irgendwie ist irgendwo alles zu etwas nützlich«, sage ich ärgerlich. »Aber Willi muss weg. Punkt.«

»Du bist ein Mörder.« Max verschränkt die Arme vor der Brust und starrt mich grimmig an. »Flieg, Willi, flieg.«

»Ich finde auch, dass du etwas übertreibst«, sagt mein Schatz. »Fliegen sind unangenehm, klar. Aber Willi fliegt schon irgend-wann selbst raus.«

»Und dafür werde ich sorgen. Ruhe jetzt.«

Ich steige auf den Stuhl, hebe langsam die Hand und hole aus. Willi scheint nervös, denn er putzt sich jetzt eifriger als zuvor. Als ich zuschlage, gerate ich aus dem Gleichgewicht, der Stuhl kippelt, und ich stürze auf den Boden.

»Hast du dir was getan?«, fragt mein Schatz besorgt.

»Geschieht dir recht«, triumphiert Max.

»Alles in Ordnung«, fluche ich. »Da wird dein Willi für büßen, mein Freund.«

Mühsam rappele ich mich auf. Insbesondere mein Bein schmerzt, als hätte Willi meine Knochen abgenagt.

»Morgen! Heute entwerfe ich eine Strategie.«

In der Nacht schlafe ich schlecht. Willi hat sich ins Schlafzimmer gemogelt und fliegt mit friedlichem Brummen unentwegt über unseren Köpfen hinweg. Eine Provokation vom Feinsten.

»Vielleicht solltest du doch etwas gegen Willi unternehmen«, murmelt Andrea halb im Schlaf.

»Sag ich doch«, knurre ich, während ich mich wieder auf das schmerzfreie Bein wälze.

Ich muss dann doch eingeschlafen sein, denn auf einmal habe ich die Lösung. Als am nächsten Morgen Andrea zu einem Termin und Max zur Schule wollen, flöte ich fröhlich vor mich hin.

»Kümmerst du dich um die Fliege? Heute Abend kommen Joe und Ingrid. Die könnten sich an Willi stören«, flüstert Andrea.

»Pass nur auf, dass Max nichts merkt. Der Junge könnte traumatisiert werden, wenn du seinen Liebling tötest. Er hat für Willi sogar einen Flughafen in seinem Zimmer aufgebaut.«

Schon niedlich, aber darauf kann ich keine Rücksicht nehmen. Mittlerweile nehme ich Willis Gebrumme persönlich, vor allem wegen der ironischen Töne, die er ab und an einstreut. Die sind nur für mich bestimmt. Soll er nur. Willis Ende steht kurz bevor. Ich fahre in den Baumarkt und erwerbe zehn Packungen der Fliegenfalle Flymaster. In jedem Karton stecken sechs Bögen. Eigentlich soll ein Bogen 200 Quadratmeter Wohnfläche abdecken und 5.000 Fliegen fangen können. Doch Willi fällt auf eine einzige Falle nicht rein, da bin ich mir sicher. Der Bursche ist zwar ekelig und lästig, aber nicht dumm. So gut kenne ich ihn schon. Den Vormittag nutze ich, um alle 60 Fallen in der Wohnung zu verteilen: Bibliothek, Wohnzimmer, Schlafzimmer, Küche, sogar auf der Toilette bringe ich die Fliegenbögen an. Dann setze ich mich erschöpft auf den Sessel. Willi schwirrt um meinen Kopf herum, die Fallen straft er mit verächtlicher Missachtung. Noch. Du wirst auch müde, mein Freund, grinse ich innerlich. Über diesen Gedanken muss ich eingeschlafen sein. Ich erwache durch Andreas Schrei.

»Was ist denn das?«

Meine Liebste stürmt ins Wohnzimmer, im Haar einen Flymaster.

»Fliegenfallen. Wenn Willi nicht zu mir kommt, kreise ich ihn strategisch ein. Steht im *Hagakure*, dem Buch der Samurei.« Das ist natürlich erfunden, gibt aber meiner Aktion ein intellektuelles Fundament, das Andrea überzeugen wird.

»So geht das nicht, Michael. Heute Abend kommen unsere Freunde, da kannst du nicht unsere komplette Wohnung mit Klebefallen zumüllen. Da ich die verdammte Falle nicht aus meinem Haar entfernen kann, gehe ich zum Friseur und lasse sie rausschneiden. Wenn ich wiederkomme, ist das ganze Klebezeugs verschwunden.«

»Du hast recht, Liebling«, sage ich kleinlaut.

»Was macht eigentlich Willi?«

Ein Brummen lässt uns zur Zimmerdecke blicken. Andrea verdreht die Augen. Als sie die Wohnung verlässt, kracht die Tür besonders laut ins Schloss. Nur Willis Brummen ist lauter.

Ich hänge unter lautem Fluchen die 60 Flymasters ab. Anschließend mache ich mich im Internet kundig. Essig lockt auch Fliegen an. Gute Idee, haben wir sogar im Haus. Ich stelle mehrere Schüsseln auf. Bald ist Willi Geschichte.

Gerade als ich die Wohnung ausreichend bestückt habe, klingelt es. Joe und Ingrid. Zwei Stunden zu früh.

»Wir waren gerade zufällig in der Nähe«, begrüßt mich Joe.

»Bei euch riecht es säuerlich«, bemerkt Ingrid.

»Ach das vergeht.«

Wir setzen uns in die Küche. Allerdings schmeckt der Wein heute auch sauer. Ob das an dem penetranten Essiggeruch liegt?

»Du machst heute einen nervösen Eindruck. Geht es dir nicht gut?«, fragt Joe.

»Doch, doch.« Ich beobachte nur Willi, der gerade eine Essigschüssel umfliegt, mich unentwegt angrinst und wieder das Zimmer verlässt.

»Du solltest was gegen diese Fliegen unternehmen. Ich finde diese Viecher unsäglich ekelig«, stöhnt Ingrid. Sie erhebt sich und stößt einen spitzen Schrei aus.

»Wo habe ich mich denn da reingesetzt?« An ihrem roten Kostüm klebt ein Flymaster. Den habe ich anscheinend vergessen. Ich beruhige sie, was auch klappt, zumindest so lange, bis wir merken, dass sich die Falle nicht von ihrem roten Kostüm entfernen lässt, ohne ein Loch in dieses zu reißen. Ingrid wirft mir wütende Blicke zu, dabei verstehen wir uns sonst super. Ich verspreche, ihr ein neues Kleidungsstück zu kaufen. Das überzeugt sie nicht besonders. Vielleicht sollte sie auch nicht permanent Willi nachschauen, der fröhlich durch unsere Pflanzen turnt. Wenn Blicke töten könnten, wäre unser Fliegenproblem behoben. Als die beiden nach einer knappen halben Stunde gehen, zuckt Joe bedauernd die Achseln. Die Stimmung ist im Keller. Warum weiß keiner. Doch, das penetrante Brummen erinnert mich. Eine halbe Stunde später kommt Andrea mit Max, der bei seinem Freund Matu gespielt hat.

»Jetzt muss ich mich beeilen, um alles für Joe und Ingrids Besuch vorzubereiten.«

»Die waren schon da.« Kleinlaut erzähle ich von der Stippvisite unserer Freunde.

»Wenn Willi in deine Essigwannen stürzt, ist er doch tot?« Max ist über seinen Stiefvater entsetzt.

»Er stürzt aber nicht in meine Essigwannen. Das ist doch das Problem!«

»Ich lasse es nicht zu, dass du Willi tötest.«

Max holt sich ein leeres Marmeladenglas aus der Küche.

»Komm, Willi, komm zum lieben Max.«

Dann man tau, grinse ich innerlich. Aber welch Wunder. Der Brummer fliegt brav zum Küchentisch, Max stülpt das Glas über ihn, bringt ihn zum Fenster und entlässt ihn in die freie Natur.

»So macht man das«, funkelt er mich grimmig an. »Deine Essigtümpel entsorgst du aber selbst.«

Mir fallen Obelisken vom Herzen. Ich verspreche Max im Überschwang der Gefühle ein Mountainbike, eine Reise nach Disneyland und einen Besuch in der Hamburger Eisenbahnausstellung.

»Interessiert mich nicht. Ich will nur, dass du nie wieder eine Fliege tötest.«

Ich verspreche es hoch und heilig. Am nächsten Tag besucht Max Thomas, seinen leiblichen Vater. Als ich mich müde ins Bett lege, höre ich wütendes Gebrumme.

»Max ist nicht da. Kümmerst du dich um Franz, Michael?«, fragt Andrea im Halbschlaf.

13

Spaß im Möbelhaus

Ich lehne die Todesstrafe ab, dabei ist es egal, welch mieses Verbrechen jemand begangen hat. In meiner Welt darf sich niemand zum Richter über das Leben eines anderen erheben. Besonders übel stößt es mir auf, wenn mein Wochenende hingerichtet wird.

»Wir brauchen zwei Billies, vielleicht auch Ivar und einen Gullhomen für den Balkon«, sagt Andrea beim Frühstück.

»Aber wir waren doch erst neulich bei IKEA«, protestiere ich.

»Neulich liegt zwei Jahre zurück. Mindestens. Seitdem sind die Regale in deinem Arbeitszimmer zusammengebrochen, und die Bücher lagern auf dem Boden. Schön ist anders.«

»Aber du weißt, dass ich IKEA hasse. Ingvar Kamprad ist ein Turbokapitalist, der nirgendwo einen Cent Steuern zahlt. Dafür unterstützt er gern nationalsozialistisch angehauchte Freunde. IKEA mobbt Mitarbeiter. Das Holz stammt von chinesischen Großhändlern, die illegal sibirische Wälder abholzen. Und da soll ich zu IKEA fahren?«

Andrea runzelt die Stirn. Sie weiß, dass ich recht habe.

»Du kannst auch ins Dänische Bettenlager fahren, von mir aus auch in die polnische Wurstfabrik. Wir brauchen diese Möbel, oder?«

Ich nicke einsichtig.

»Gewöhn dir vielleicht eine konstruktivere Sichtweise an. Alles ist immer negativ. So bekommen wir nie neue Möbel. Und bitte nimm Max mit. Dann habe ich Luft zum Aufräumen.«

Max ist begeistert.

»Bekomme ich einen Hotdog?«

»Klar, wenn wir es durchs Gedränge schaffen.«

»Du hasst IKEA, nicht wahr?«

»Abgrundtief. Kein Siedekessel der Hölle ist heißer als ein Samstag bei IKEA«, stöhne ich.

»Und deine Kollegen? Hasst Joe auch IKEA?«

»Alle! Jeder Mann, den ich gefragt habe, verabscheut dieses Möbelhaus.«

»Ich mag IKEA. Michael, wenn ich später ein Mann bin und noch immer IKEA liebe, ist dann alles in Ordnung mit mir?«

Ich lache. »Na klar, Menschen sind unterschiedlich.«

»Weißt du, IKEA ist ein Riesenspielplatz, der nur für mich aufgebaut wurde. So was muss man doch mögen.«

Ich überlege. Der Junge hat es erkannt. Wenn ich IKEA als Riesenspielplatz betrachte, könnte es mir auch gefallen. Ich koche Kakao für Max und packe eine Thermoskanne für mich ein.

Eine halbe Stunde später fahren wir ins Parkhaus des hässlichsten Betonklotzes der Stadt. Halt! Ich soll doch positiver denken. Wir fahren ins Parkhaus des Gebäudes mit dem größten Verschönerungspotenzial ein. Schon besser, klopfe ich mir im Geiste selbst auf die Schulter.

Ich habe mir die Nummern der gewünschten Artikel notiert. Eigentlich bräuchten wir nur in die Auslieferung zu gehen, die Möbel in unseren Wagen zu packen und zur Kasse zu wandern. Aber das funktioniert bei IKEA nicht. Du musst durch die ganze Ausstellung laufen, um zum Lager zu gelangen. Stopp! Schon wieder ein negativer Gedanke. Wir dürfen uns die ganzen Wunder in IKEAs Wohnwelt ansehen. Was gibt es Schöneres.

»Die Betten sind cool. Sehen fast wie Trampoline aus.« Max freut sich. »Das sind Trampoline. Probiere sie nur aus.«

»Das darf ich?«, zweifelt Max. »Ich bin dein Stiefvater und erlaube es«, erkläre ich großzügig.

Max hüpft voller Freude auf Henns oder Malm. Ich schlürfe Kakao und applaudiere zu immer neuen Hochsprungrekorden. Ein Paar im Jogginganzug gefällt das anscheinend nicht.

»Die Möbel sind doch nicht zum Spielen da. Keffin, komm da weg, sonst komm ich dich da hin«, keift er seinen Sprössling an, der Max Gesellschaft leisten will.

»Das ist ein Riesenspielplatz«, kläre ich bereitwillig auf. »Das Smalland wurde heute aufs gesamte Gebäude ausgeweitet.«

»Wenn das so ist ... Jacklin, darfst hüpfen. Ist heute Spieltag oder so.«

Innerhalb von 20 Minuten haben wir acht weitere Kinder für unsere Trampolinzone gewonnen. Alls haben einen Heidenspaß. Als ein IKEA-Mitarbeiter auf unsere Gruppe aufmerksam wird, verdünnisieren wir uns. Ich weise ihn allerdings noch darauf hin, dass der Mann im Jogginganzug uns angestiftet hat, weil er Nazis hasst. Springen für eine bessere Welt. Aus dem Augenwinkel sehe ich noch, wie er Verstärkung holt.

»Ich will was trinken«, meldet sich Max. Ups, den Kakao habe ich leer gesüppelt. Also doch ins Restaurant. Dies ist erwartungsgemäß brechend voll. Wir kaufen uns ein Glas und eine Kaffeetasse.

Damit können wir trinken, bis wir überlaufen. Leider haben auch andere Leute diese Idee. Und obwohl genug für alle da ist, drängt sich alles vor den Automaten, als würde jede Sekunde die Kaffeeprohibition ausgerufen. Zwei Männer und eine Frau drängeln sich einfach vor und schubsen mich relativ rücksichtslos zur Seite. Ich bin genervt und kurz davor, in einen negativen Film zu verfallen. Stopp! Ich erinnere mich an die Worte meiner Liebsten, dass ich mir eine konstruktivere Weltsicht aneignen soll.

Ich warte, bis sich ein muskulöser Typ mit Rapperbart dem Automaten nähert. Ich spurte los, erreiche vor ihm das Ziel und drücke den Startknopf.

»Gewonnen. Strike«, jubele ich.

»Du hast sie nicht alle.« Er schüttelt den Kopf und geht einen Automaten weiter.

»Schlechter Verlierer. Du bist ein schlechter Verlierer.«

Drei weitere Gegner besiege ich locker. Als ich im Triumph einen Jungen als »Braunschweiger«, die verhassten Niedersächsischen Rivalen, beleidige, werden Max und ich von Klaas, dem Chef der Gastronomie, gebeten, das Restaurant zu verlassen. Spielverderber. Vorher fülle ich aber meine Thermoskanne mit Kaffee auf. Findet er in Ordnung, solange wir danach sofort gehen.

In der Auslieferung holen wir unsere Möbel aus den Regalen und nähern uns der Kasse. Bis auf 500 Meter, so lange geht die Schlange. Wir machen es uns auf unserem Wagen gemütlich, verputzen Muffins und trinken Kaffee. Max natürlich nur einen Tropfen mit 20 Packungen Milch, die ich im Restaurant für ihn mitgenommen habe. Dabei spielen wir Eisenbahnquartett.

»Warum geht es nicht weiter?«, blökt eine ältere Dame im schwarzen Mantel hinter uns.

»Ich weiß auch nicht. Fassen Sie es als Spiel auf«, sage ich.

Als sie sich kurzerhand vordrängeln will, springe ich auf und schiebe den Wagen rasch einen Meter vorwärts. Wütend wechselt sie die Schlange. Sie muss noch viel über IKEA lernen. Nach einer halben Stunde, in der wir nur fünf Meter vorwärts gekommen sind, haben wir genug gespielt. Max darf sich Artikel aussuchen, die er im Einkaufswagen versteckt. Ich darf nicht hinschauen und muss raten, was er sich ausgesucht hat. Ich rate nur die Klobürste mit dem sympathischen Namen Viren.

An der Kasse will Lena, unsere freundliche Kassiererin, alles einscannen. Stopp. Sie stapelt die zwölf Artikel, mit denen wir gespielt haben, neben der Kasse und bleibt wirklich freundlich. Bevor ich meine Einstellung zu IKEA geändert habe, wäre ich an ihrer Stelle ausgerastet.

»Danke für diesen unvergleichlichen Tag.«

Sie murmelt etwas. Wenn ich nicht wüsste, wie höflich IKEA-Mitarbeiter sind, hätte ich vielleicht »Arschloch« verstanden.

Max und ich gönnen uns noch einen Hotdog. Wenn man sich Mühe gibt, kann man eine komplette Senfflasche aufbrauchen. Oh, eine Ketchupflasche passt auch noch rein. Als wir uns fröhlich beschweren, dass der Hotdog nicht mehr genießbar ist, werden wir geflissentlich ignoriert. Egal, wir hatten auch so unseren Spaß.

»Und, war es schlimm?« begrüßt uns meine Liebste zu Hause.

»Ein Riesenspaß«, behaupten Max und ich.

»Wirklich? Du hasst doch IKEA?«

»Nicht mehr. Max hat mich überzeugt, dass IKEA einer der wunderbarsten Orte auf diesem Planeten ist. Keine Lüge.«

Andrea glaubt mir nicht. Aber immerhin haben wir zwei Billy-Regale mitgebracht.

Eine Woche später erhalte ich ein Schreiben von Laars, dem Leiter meines Lieblingsspielplatzes, dass meine Familycard eingezogen wird. Ich wäre unangenehm aufgefallen und solle in Zukunft lieber bei der Konkurrenz einkaufen. Was bilden die sich ein? Ich stehe kurz vor einem Wutanfall. Doch stopp!

»Max, lass uns nächste Woche ins Dänische Bettenlager fahren. Da können wir uns richtig austoben.«

14

Das Gold liegt auf der Schiene

Max hat genaue Vorstellungen, wie seine berufliche Zukunft aussehen soll. Und auch meine.

»Hast du schon darüber nachgedacht, den PC an den Nagel zu hängen und lieber Straßenbahn zu fahren?«

Ich nehme einen Schluck Kaffee und überlege.

»Eigentlich nicht. Warum sollte ich Straßenbahn fahren?«

»Ich gründe ein neues Unternehmen. Den Hannover Underground. Wir werden die neue Nummer eins im Nahverkehr der Stadt. Und wir brauchen dich.«

Ein festes Gehalt wäre manchmal durchaus wünschenswert, überlege ich.

»Wie viel verdiene ich denn bei dir?«

»Wir bezahlen unsere Fahrer gut. Am Anfang bekommst du 200 Euro, später 220.«

»Im Monat?«

»Klasse, was?«

»Max, davon können wir noch nicht einmal die Miete zahlen, geschweige denn essen.«

Max überlegt. »Ich habe mich vertan«, gibt er schließlich zu. »In der Stunde natürlich.«

»Wow, auf diesen Lohn kommen nur die absoluten Top-Autoren. Wie viel muss ich denn arbeiten?«

»23 Stunden.«

»Das ist nicht viel. Aber bei 200 Euro Stundenlohn kann ich es auch ruhiger angehen lassen. Immerhin kommt man da …«, ich tippe ein paar Zahlen in den Taschenrechner »… roundabout 18.400 Euro. Das reicht uns.«

»23 Stunden am Tag.«

Ich bin entsetzt. Mein Sohn erweist sich als Turbokapitalist. »Wenn ich 23 Stunden am Tag arbeite, sehe ich Andrea und dich doch gar nicht mehr.«

Max lächelt. »Ich fahre doch selbst. Wenn ich an dir vorbeibrause, grüßen wir uns. Außerdem können wir die Pausen gemeinsam verbringen.«

»Und was ist mit Mama?«

»Kein Problem. Du darfst immer einen Gast im Führerhaus mitnehmen. Die fährt einfach bei dir mit.«

Dann ist ja alles klar.

»Wann kann ich anfangen?«, frage ich und lösche den Roman, an dem ich mehrere Monate geschrieben habe. In Zukunft fahre ich Stadtbahn und werde Millionär.

»Nicht so schnell. Du musst erst einmal das Bewerbungsgespräch und den Test bestehen.«

»Was für ein Gespräch?«, frage ich erstaunt. »Du bist mein Sohn. Wir kennen uns seit sechs Jahren.«

»Privat ist privat, Geschäft ist Geschäft. Die Fragen sind aber ganz einfach.« Er streichelt mir tröstend über die Schulter.

»Wir wollen wissen, ob du englisches Frühstück magst und ob du Krawatten trägst. Das sind die wesentlichen Voraussetzungen. Außerdem musst du im Betriebshof schlafen.«

»Ich weiß nicht, ob ich das will. Und der Test, kannst du mir die Fragen vielleicht verraten?«

»Nein. aber die sind nicht schwer. Du schaffst das schon. Ich werde übrigens morgen Thies feuern.«

»Deinen Compagnon? Warum denn das?«

»Thies will Fernverkehr fahren, ich nur Nahverkehr. Das ist die Zukunft. Thies muss weg.«

Ich bin entsetzt. »Du willst deinen besten Freund an die Luft setzen. Das finde ich gar nicht gut. Wenn du mich entlässt, hat meine Familie kein Geld zum Leben.«

Max grinst. »Erst einmal bin ich deine Familie, und ich verdiene mein eigenes Geld. Zweitens bist du nur Fahrer. Der kann seinem Chef nicht in die Quere kommen.«

»Okay, ich überlege es mir.«

»Wenn du allerdings keine Leistung bringst, muss ich dich auch entlassen. Dann musst du wieder für kleines Geld Bücher schreiben.«

Das ist mir alles zu gefährlich. Ich stelle den gelöschten Text wieder her und schreibe weiter. Zumindest ist die Unsicherheit des Schriftstellerlebens sicher.

2. KAPITEL

Wenn die Ferne ruft

Zu Hause ist es schön, doch manchmal braucht Mensch eine Ortsveränderung. Manche Leute glauben, woanders ist es immer besser als in der Heimat. Die Einheimischen sind freundlicher, die Wiesen grüner und das Meeresblau leuchtet strahlender als das Wasser des Mittellandkanals. Oft sind Reisen aber auch mit unvorhergesehenen Hindernissen verbunden.

Norderney

SONNTAG

Endlich stehen wir vor unserem Ferienhaus. Andrea, Max und ich. Und Tante Gundula. Der gehört der einfache, aber schmucke Bungalow 50 Meter vom Meer entfernt.

»Das wirst du alles erben.« Sie strahlt wie ein Kind zu Weihnachten und legt mir die Hand auf die Schulter. »Gefällt es euch?«

Tut es. Wir lieben Tante Gundula und hoffen, dass sie uns noch lange erhalten bleibt. Genau genommen ist es uns ziemlich egal, ob wir es erben. Wir dürfen dort unsere Ferien verbringen, wann immer wir wollen.

Bei unserem ersten Besuch muss allerdings Tante Gundula mitkommen, damit wir wissen, worauf wir im Umgang mit dem Haus zu achten haben. So hat es Tante Gundula ausgedrückt. Wir wissen nicht genau, was »Umgang mit dem Haus« bedeutet. Sowohl Andrea als auch ich bewohnen seit 40 Jahren irgendwelche Häuser. Auch mit Ferienwohnungen, Hotelzimmern und Hundehütten haben wir Erfahrungen gesammelt. Alles unproblematisch. Warum wir in den Umgang mit diesem Haus erst eingewiesen werden müssen, wissen wir nicht. Aber das wird uns Tante Gundula bestimmt erklären. Eine dreitägige Stippvisite sollte für diesen Zweck ausreichen.

MONTAG

Die Sonne knallt, der Himmel strahlt azurblau. Keine Wolke weit und breit. Perfektes Strandwetter. Ohne zu überlegen, kramen wir

Badesachen und Sandspielzeug aus den Koffern. Als ich die Tür zu unserer Bungalowhälfte öffne, kommt Tante Gundula aus ihrer herausgeschossen.

»Wo wollt ihr hin?«

Würde ich Tante Gundula nicht so lange kennen, könnte ich einen missbilligenden Unterton in ihrer Stimme heraushören.

»Zum Strand. Ich baue eine Burg und schwimme bis zum Festland«, erklärt Max stolz.

»Das ist toll.« Tante Gundula tätschelt liebevoll Max' Scheitel. »Leider geht das jetzt nicht. Oder du schwimmst allein.«

»Warum?«, frage ich erstaunt.

»Warum?«, fragt Andrea.

»Warum?«, fragt Max.

Tante Gundula starrt uns ungläubig an. »Seht ihr das nicht selbst?«

Wir sehen nichts. Wir wissen noch nicht mal, wohin wir schauen sollen.

»Na, der Rasen.«

Das auf Zehennagelhöhe geschnittene Gras wirkt nicht besonders gefährlich. Der Meinung sind aber nur wir.

»Ihr seht aber auch nichts. Das Gras ist so lang, da kann ich einen Quilt draus stricken. Das muss dringend gemäht werden. Wir legen Wert auf eine gute Nachbarschaft und wollen nicht, dass schlecht über uns geredet wird.«

Wir sehen ein, dass sich bei diesem Argument jede weitere Diskussion verbietet. Wir bringen unsere Strandsachen wieder ins Innere des Hauses. Nur ich seufze leicht.

Dann startet das Projekt Rasenbeschneidung. Tante Gundula fährt den antiken Elektrorasenmäher. Ich biete ihr an, diesen Part zu übernehmen, doch sie weist mich harsch zurück.

»Du musst das Kabel halten.« Max soll von Tante Gundula übersehene Halme ausrupfen, Andrea leert das Gras in die grüne Tonne, die bereits überquillt.

»Das musst du stopfen! *Stopfen*! Noch mehr *Stopfen*. Eine wöchentliche Leerung ist einfach zu teuer. Aber das werdet ihr später selbst sehen.«

Vorbeiflanierende Nachbarn werden herzlich begrüßt, was die Rasenmähaktion alle zehn Minuten unterbricht.

»Bei dem Wetter muss man jeden zweiten Tag die Wiese schneiden.« Da sind sich Tante Gundula und die Nachbarn, Rentner aus Hamburg, Kassel und Ganderkesee, einig. Sie regen sich über einige Neuhinzugezogene auf, die nur einmal in der Woche mähen.

»Unmöglich«, werfe ich ein. Tante Gundula nickt mir wohlwollend zu.

Den Rest des Tages verbringen wir damit, die Regenrinne von Blättern zu befreien. Ein erfüllter Urlaubstag.

DIENSTAG

Die mitgebrachten Lebensmittel sind so gut wie aufgebraucht. Ein Großeinkauf ist notwendig. Das ist eine willkommene Gelegenheit, Tante Gundulas Arbeitseifer zu entfliehen. Tantchen bleibt zu Hause. Es gibt so viel zu tun. Das werden wir auch noch sehen, wenn wir das Haus einmal geerbt haben. Heute will sie putzen. Ich finde zwar, dass wir nach einem Tag noch nichts verschmutzt haben, aber Tante Gundula sieht das anders. Soll sie.

»Hier.« Sie drückt Andrea eine Liste in die Hand. »Wir haben alles getestet. Das sind die Geschäfte, die sich lohnen. Alles andere kannst du vergessen.«

Nun gehören wir zu der seltenen Gattung Urlauber, die gern selbst neue Gegenden erkundet. Gegenüber einer Grundschule entdecken wir ein attraktives Geschäft namens Fisch-Point.

»Lass uns Fisch mitnehmen, wo wir schon am Meer sind«, schlage ich vor.

»Der Fisch-Point steht nicht auf der Liste.«

»Wollen wir uns wirklich unsere Einkäufe von dieser Liste diktieren lassen? Die Scholle sieht doch zum Reinbeißen aus.«

Findet Andrea auch. Selbst Max begeistert sich für ein Fischbrötchen.

Zu Hause decken wir gut gelaunt den Tisch. Bis Tante Gundula den Essraum betritt. Sie streift sich stöhnend die Gummihandschuhe von den Händen, lässt ihren Blick schweifen und lässt ihn auf unseren Einkäufen ruhen.

»Was ist denn *das*?«

»Fisch?« Nun bin ich mir nicht mehr sicher.

»Wo habt ihr den her?«

»Vom Fisch-Point. Ich habe da ein superleckeres Brötchen gegessen.« Max freut sich noch immer.

»Fisch-Point kenne ich. Der Laden taugt nichts. Warum gebe ich euch die Liste mit? Hallo? Damit euch solche Reinfälle erspart bleiben, schließlich sollt ihr euch erholen.«

In gedrückter Stimmung essen wir unseren Fisch, während Tante Gundula sich ein trockenes Graubrot reinquält.

»Eigentlich ganz lecker«, durchbricht Andrea die Stille.

»Mhm, mag sein, aber viel zu teuer. Ihr hättet bei Fisch-Müller kaufen müssen. Aber wenn ihr das alles geerbt habt, werdet ihr mir recht geben.«

MITTWOCH

Heute ist unser letzter Tag. Heute geht es ans Meer. Da kann Tante Gundula sagen, was sie will.

»Viel Spaß! Vergnügt ihr jungen Leute euch ruhig. Als Hausbesitzerin kann ich es mir nicht leisten, auf der faulen Haut zu liegen.«

Die Sonne spiegelt sich in den Wellen, ein laues Lüftchen weht, so kann ich es aushalten.

»Nächstes Mal fahren wir allein«, sagt Andrea.

»Genau! Tante Gundula ist lieb und nett, aber diese ständige Bevormundung nervt. Wenn es nach ihr geht, besteht der Urlaub nur aus Arbeit.«

Einig dösen wir ein.

Als wir nachmittags nach Hause kommen, befindet sich Tante Gundula in heller Aufregung.

»Ihr bringt mir nur den ganzen Dreck ins Haus. Nachher fahren wir wieder, und ich habe keine Lust, noch einmal zu putzen.«

Wir müssen uns draußen mit dem Gartenschlauch abduschen und in dem Geräteschuppen umkleiden. Insgeheim beschließe ich, nicht nur ohne Tante Gundula, sondern überhaupt nicht mehr in diese Ferienbutze zu fahren. Ich kann mich nicht erinnern, jemals so einen verkorksten Urlaub verbracht zu haben.

Während der Rückfahrt schweigen alle. Selbst der sonst dauerfröhliche Max starrt nur apathisch aus seinem Fenster. Als wir zwischen Oldenburg und Bremen im Stau stehen, bricht Tante Gundula das Schweigen.

»Das war doch ein fantastischer Kurzurlaub, Kinder. Ich habe mich selten so gut erholt wie mit euch. Daher habe ich das Ferienhaus in den Herbstferien für uns freigehalten. Freut ihr euch?«

»Natürlich., in den Herbstferien haben wir Zeit«, höre ich mich sagen. Ich liebe meine Tante Gundula.

16

Der Schatz von Steinhude

An manchen Tagen scheint die Sonne heller, die Luft riecht frischer und die Vögel zwitschern Mozart-Melodien. Heute ist so ein Tag. Endorphine spritzen in meine Blutbahn und sorgen für ein natürliches High.

»Guten Morgen, ich habe die Lösung für unsere Zukunft.«

Meine Frau schaut irritiert, gießt mir trotzdem Kaffee ein. Ein herrlicher Duft.

»Wie soll ich das verstehen? Unsere Zukunft sieht doch rosig aus, oder?«

»Etwas rosiger geht immer. Geld wird unser ständiger Begleiter sein. Wir werden nur noch zum Vergnügen arbeiten.«

Während sich meine Vorfreude minütlich steigert, wirkt die Miene meiner Frau immer misstrauischer. Ich verdenke es ihr nicht und kann die guten Nachrichten selbst kaum glauben.

»Hast du im Lotto gewonnen?«, fragt meine Frau. »Nee, du spielst ja nicht, weil du alle Glücksspieler für Idioten hältst, die Zeit und Geld verschwenden.«

»Genau so ist es. Aber mein Projekt ist eine todsichere Angelegenheit. Ich habe gestern Abend Hannover-TV gesehen. Die haben eine Reportage über das Steinhuder Meer gezeigt. Wusstest du, dass Pirat Otto, genannt der stumme Sachse, genau dort im 16. Jahrhundert seinen Schatz versenkt hat? Der wurde bis heute nicht gehoben. Und als ich in der Nacht träumte, flüsterte mir Otto zu: ›Michael, du wirst diesen Schatz bergen und mit deinen Lieben in Hülle und Fülle leben.‹ Ist das nicht fantastisch? Laut dem Reporter ist der Wert des Bernsteinzimmers gegen Ottos Schatz ein Almosen.«

Ich fühle mich wie ein Pionier im Goldrausch von Alaska. Mienen und Nuggets vor dem inneren Auge. Die Villa im Zooviertel, die ich uns vom Schatz kaufe, ist ebenfalls schon eingerichtet.

»Dieser stumme Sachse hat während seiner Lebenszeit doch nicht gesprochen. Warum sollte er aus dem Jenseits heraus zu dir im Schlaf reden?«

Ich habe den Eindruck, dass meine Frau mich nicht ganz ernst nimmt.

»Warum weiß ich auch nicht. Spielt doch keine Rolle. Wir haben uns jedenfalls über Zeichen verständigt. Im Traum ist alles möglich.« Ich stecke zwei Brotscheiben in den Toaster.

»Aha. Ich wusste auch gar nicht, dass es in Sachsen Piraten gibt. Soviel ich weiß, liegt Dresden nicht am Meer. Und selbst wenn: Warum sollte ein Seeräuber einen Schatz in einem niedersächsischen See verbuddeln?« Jetzt hat sie mich. Aber nur fast.

»Otto hat auf der Ostsee geräubert. Sachsen ist seine Heimatgegend. In Leipzig wurde es ihm irgendwann zu heiß, und er floh Richtung Ostfriesland. Bei Hannover waren ihm die Häscher seines Regionalfürsten dicht an den Fersen. Da bog er zum Steinhuder Meer ab, versenkte den Schatz und sprach einen Fluch. Jeder der ihn bergen wollte, starb einen qualvollen Tod.«

Der Toast ist fertig. Ich gehe zum Gerät und fische zwei leicht angekokelte Scheiben heraus. Kann man noch essen. Mich stoppt heute nichts und niemand.

»Ich dachte, dieser Otto wäre stumm. Wie kann er da fluchen?«

»Wir wollen uns nicht in Details verlieren. So genau sind die Überlieferungen auch nicht, schließlich gab es damals keine Presse und kein Internet.«

Sie nickt. Ich habe sie überzeugt.

»Okay, eine wirklich tolle Geschichte. Und niemand hat sich bisher um diese Reichtümer gekümmert, also machst du das. Alles klar. Nur so, mal am Rande: Deine Erfahrungen in der Schatzsuche hast du mir bis jetzt verheimlicht. Wie birgst du unsere zukünftigen Reichtümer?« Ich scheine sie von meinem Projekt überzeugt zu haben.

»Mein Kumpel Joe ist Taucher und hat zurzeit drei Wochen Urlaub. Ich habe heute Morgen bereits ein Raster des Sees angelegt; das schwimmen wir mit Metalldetektoren ab. 30 Quadratkilometer sollten wir locker in einer Woche schaffen.«

»Und Joe fand deine Idee gut?«, fragt meine Frau.

Höre ich Ungläubigkeit in ihrer Stimme?

Nach der ganzen Überzeugungsarbeit bin ich enttäuscht. »Nein, er fand sie sogar brillant. Er hat Stevensons *Schatzinsel* zwölfmal gelesen. Wir leben seinen Kindheitstraum.«

»Kaum zu glauben, dass Joe so einen Blödsinn mitmacht. Ich hoffe, eure Pfadfinderaktivitäten kosten nicht zu viel.«

»Blödsinn« finde ich wirklich hart, doch ich lass mir die gute Laune durch die vielen Nachfragen nicht verderben. Ich habe nämlich in der Zeit zwischen Aufstehen und Frühstück alles genau durchdacht, Joe für mein Vorhaben gewonnen und einen Projektplan mit Budget und Meilensteinen am Rechner entworfen.

»Keine Sorge, wir nehmen Zimmer in der Mardorfer Jugendherberge. Das kostet nicht viel, und wir verschwenden keine Zeit.«

»Schatzsuche finde ich klasse«, meldet sich unser Sohn zu Wort. »Darf ich mitkommen?«

»Max, das ist eine ernste …«

»Fahr ruhig mit den Kindsköpfen«, grinst meine Frau.

»Super, ich geh schon mal packen«, jubelt Max.

Na toll, ich bin in großer Mission unterwegs und muss jetzt auch noch auf Max aufpassen. Ich fühle mich nicht ernst genommen. Aber ich werde zuletzt lachen. Du wirst schon sehen.

»Wo ist denn meine Arbeitshose?«, küsse ich den Nacken meiner besseren Hälfte.

»Schau mal auf deinem Schreibtischstuhl.«

Okay.

Fünf Minuten später. »Weißt du, wo mein Werkzeugkoffer ist?«

»Müsste im Keller sein. Schön, dass du an alles denkst.«

Das klingt ein wenig sarkastisch. Aber das juckt mich nicht.

»Und meine Brotdose? Wir brauchen am See schließlich Verpflegung.«

»Wie wäre es mit dem Küchenschrank?«

Nach zwei Stunden hake ich auf meinem Plan die erste Phase Projektvorbereitung ab. Max hüpft vor Vorfreude auf der Stelle. Ich küsse meine Frau. »Danke, dass du an mich glaubst. Ich melde mich.«

»Macht euch eine schöne Zeit.«

Max läuft schon zum Auto vor. Während ich ihm folge, höre ich meine Frau murmeln: »Pirat Ottos Schatz wird bei meinen Spezialisten noch lange im See ruhen, vor allem, wenn die Reportage über den gewaltigen Schatz am 1. April gesendet wurde. Hauptsache, die Jungs kommen an die frische Luft.«

17

Bauchtanzen wie Imke

Gute Erziehung ist im Leben durchaus hilfreich: Wenn wir anderen Menschen zuhören, sie ausreden lassen und ihre Wünsche respektieren, machen wir die Welt zu einem besseren Ort. Es gibt aber auch Situationen, in denen mich meine anerzogene Höflichkeit zum Wahnsinn treibt.

Kairo. Hauptstadt Ägyptens, Residenz der Pharaonen und ihrer Grabstätten. In Kairo leben acht Millionen Menschen, fahren 16 Millionen Autos und jagen 32 Millionen Straßenhändler kaufkräftigen Touristen nach.

Ich verlasse das Egypt Desert Hotel und wandere durch eine Palmenallee Richtung Novotel. Dort befindet sich ein Geldautomat. Eigentlich reichen 20 Euro, um ein halbes Jahr in Ägypten zu überleben, doch handgeknüpfte Teppiche, im Nildelta geschürfte Diamanten und in afrikanischen Feuern geschmiedete Wasserpfeifen schröpfen die Urlaubskasse. Doch jetzt ist Schluss mit dem Kaufrausch, schwöre ich. Ab jetzt gönne ich mir höchstens ein aus fünf Mangofrüchten gepresstes Glas Fruchtsaft für umgerechnet acht Cent. Allen Souvenirverkäufern zeige ich aber die kalte Schulter.

»English? Français? Allemande?«

Ein bärtiger Nordafrikaner in weißem Kaftan wandert neben mir. Unter dem Arm trägt er eine Papyrusrolle.

»Ich kaufe nichts.«

»Ah, du Deutschland. Ich habe Bruder dort. Ist Arzt. Schönes Land. Ich bin Yusuf.«

Es ist seltsam. Jeder Ägypter hat Verwandte in Deutschland. Bei einem Volk von 80 Millionen müsste ich rein statistisch den einen oder anderen kennen. Tu ich aber nicht. Vielleicht wohnen die in eher dünn besiedelten Gegenden, der Uckermark oder dem Bayerischen Wald. In Hannover habe ich jedenfalls noch keinen Ägypter getroffen.

»Prima, na dann wünsche ich dir noch einen schönen Tag.«

»Ich habe Business. Tolle Ware. Möchtest du sehen?«

Möchte ich definitiv nicht. Was hat er schon, was ich nicht in den letzten Tagen Tausend Mal gesehen habe. Aber wie sage ich es Yusuf, ohne ihn vor den Kopf zu stoßen.

»Ich habe jetzt keine Zeit. Bin im Novotel verabredet. Vielleicht später.«

Vor dem Hotel verabschieden wir uns. Ich verspreche ihm hoch und heilig, heute Abend oder morgen bei ihm vorbeizuschauen. Äußerlich heuchele ich Trauer, innerlich feixe ich. Yusuf hat keine Handynummer von mir, ich habe keine Adresse. Das Projekt Ladenbesichtigung hat sich auf elegante Weise erledigt.

Ich verschwinde im Novotel und hebe ein paar 100 Ägyptische Pfund ab. Dann verlasse ich das Hotel und will zu einem nahen Internetcafé, wo ich mit Andrea und Max verabredet bin. Als ich gut gelaunt Richtung Straße schlendere, bemerke ich auf einer Bank vor dem Hotel eine weiß gekleidete Gestalt. Yusuf. Der Hund hat einfach auf mich gewartet. Am meisten ärgere ich mich über die eigene Naivität. Einen ägyptischen Vollblutverkäufer wirst du nicht mit einer lahmen Ausrede los. Ich beschleunige meinen Schritt. Yusuf läuft 20 Meter neben mir. Er tut, als würde er mich nicht sehen. So ein Heuchler!

Dann türmt sich vor mir eine unüberwindbare Hürde auf: ein Kreisverkehr mit acht abgehenden Straßen. Um mein Problem zu verstehen, muss Mensch das ägyptische Verkehrssystem kennen. Es gibt mehr Regeln als in der deutschen Straßenverkehrsordnung. Das kleine Problem: Niemand hält sich daran. Der Ägypter setzt sich in sein Auto und brettert einfach los. Rote Ampeln interessieren ihn nicht, Fußgänger ebenso wenig. Bietet sich auf den verstopften Straßen nur die kleinste Lücke, versuchen acht Autos gleichzeitig, diese zu füllen. Als Fußgänger fühlst du dich wie in einem Live-Playstation-Spiel.

Ich nutze eine kurze Unterbrechung der Blechlawine und spurte über auf die Insel in der Kreuzungsmitte. Im Augenwinkel sehe ich, dass Yusuf mir gemächlich folgt. Er schreitet seelenruhig durch die hupenden Autos wie Jesus über den See Genezareth.

»Mein Freund, du hier?« Er stürmt auf mich zu, als wären wir durch den letzten Weltkrieg getrennte Freunde.

»Willst du jetzt mein Business besuchen?« Er drückt mir Küsse auf die linke und rechte Wange.

Nein, will ich nicht. Aber andererseits habe ich es ihm versprochen. Versprechen muss Mensch halten, haben mir meine Eltern beigebracht. Während ich noch überlege, ob diese Regel auch gegenüber Ägyptern gilt, wandere ich bereits neben Yusuf über eine weitere Straße. Dann biegt er in eine Einfahrt, und durch einen Hinterhof gelangen wir in sein Geschäft. Er verkauft Sphinx-Porträts, Ringe und Alabasterkrüge – wie jedes andere Geschäft in Kairo auch.

»Du willst Tee?«, fragt er.

Eigentlich nicht.

»Ich habe wenig Zeit«, behaupte ich.

»Wenn du Tee nicht trinkst, du beleidigst mich.«

Gut, das will ich auch nicht. Yusuf ruft etwas auf Arabisch aus dem Fenster. Scheint sich um eine Art Tee-Drive-in zu handeln.

»Du trinkst mein Tee, du bist mein Freund.« Er klopft mir strahlend auf die Schulter.

So weit würde ich nicht gehen. In Deutschland ist auch nicht jeder mein Freund, der mir ein Bier ausschenkt. Aber ich fürchte, es ist zwecklos, ihm diesen Gedanken näherzubringen.

»Du willst kaufen?« Er breitet die Arme in Richtung seiner Waren aus.

»Ich nix kaufen«, bleibe ich hart. Ich halte mich eisern an meine Vorsätze. Das ist eine meiner großen Stärken.

»Ich habe sechs Kinder.« Er holt ein Foto aus einer Schublade, auf dem sechs in Lumpen gekleidete Orgelpfeifen in die Linse starren. Das rührt jetzt doch mein Herz. Mir fällt ein, dass ich kein Mitbringsel für meine Mutter besorgt habe. Ich deute auf ein filigran gearbeitetes Holzkästchen, das ich bereits bei drei anderen Händlern gesehen habe.

»Das würde mir schon gefallen. Wie viel?«

Yusuf überlegt. Dieses Kästchen sei besonders wertvoll, schließlich sei es ein Erbstück seiner Frau.

»200 Pfund.«

Bitte? Das Teil sollte gestern bei Yusufs Kollegen 20 Pfund kosten.

»Fünf.«

»Du willst beleidigen. Wir Freunde.«

Ich schweige.

»180. Letztes Wort.« Er wickelt das Kästchen in weißes Papier und stellt es vor mich hin.

»Zehn. Letztes Wort.«

»180. Du nimmst mit.«

»Ich will eigentlich gar nichts kaufen.«

Ich erhebe mich, doch Yusuf hält mich zurück.

»Du kannst nicht gehen. Noch nicht Tee getrunken.«

Er hat recht. Jetzt hat er extra wegen mir Getränke geordert. Beleidigen will ich ihn nicht.

»Du musst kaufen. Alle Kunden sind zufrieden.«

Er legt mir einen Brief von Imke aus Bielefeld vor. Sie liebt Yusufs Bauchtanzkostüm heiß und innig.

»Ich tanze nicht Bauch.«

»Du musst kaufen. Imke sehr zufrieden. 170!«

»Nein.« Wir sitzen uns gegenüber und starren uns finster an. Dicke Luft.

Ein Junge bringt ein Teeglas und stellt es vor mich hin.

Ich stürze den Tee hinunter, will nur noch raus. Kaum hat der letzte Schluck meine Kehle durchflossen, erhebe ich mich.

»Hundert Pfund. Meine Kinder müssen essen.«

Er quetscht sich wirklich eine Träne aus dem Auge. Mist, ich will kein Unmensch sein und lege ihm das Geld auf den Tisch.

»Du hast gutes Geschäft gemacht.«

Als ich mich mit meinem Kästchen wieder auf der Straße befinde, fühle ich mich trotzdem schlecht. Obwohl ich nur wenig mehr als zwölf Euro bezahlt habe, fühle ich mich über den Tisch gezogen. Aber was solls. Ich hake es als Erfahrung ab.

»Du Deutsch?« Ein älterer Araber läuft neben mir. »Ich habe Onkel in Berlin. Du willst kaufen gut Papyrus?«

Ehe ich mich versehe, zieht er mich in seinen Laden. Gut, dass ich Prinzipien habe.

18

Auf Tour mit Gerda

Ich mache mir Sorgen. Seit gestern höre ich Stimmen, genau genommen zwei. Die männliche habe ich Herr Appler getauft. So hieß mein autoritärer Mathelehrer in der fünften Klasse, der es sichtlich jeden Tag bedauerte, dass die Prügelstrafe in den 1980ern abgeschafft war. Aber die Pädagogik bietet genügend Spielraum für subtileren Sadismus. Und den wusste Herr Appler virtuos auszuschöpfen. Seine Stimme wellt noch heute meine Armhärchen zu einer Jimi-Hendrix-Gedächtnisfrisur. Da ziehe ich Gerda vor. Sie erinnert mich an Fräulein Rottenmeier aus *Heidi*. Ihre altjüngferliche Autorität spricht anscheinend eine masochistische Ader in mir an. Mehr Alternativen bietet dieses Navigationsgerät nicht. Bulli und Atze Schröder kosten extra. Außerdem ist Routenplanung eine ernste Angelegenheit. Also ist Gerda genau die richtige Stimme für mich.

Ich habe lange überlegt, ob ich mir ein Navi zulegen soll. Mensch überantwortet schließlich einen Teil seiner Selbstständigkeit an eine Maschine.

»Blödsinn«, meint mein Kumpel Joe. »Willst du weiterhin wie im letzten Jahrtausend mit der Straßenkarte durch die Landschaft gondeln? Deine Technikverweigerung kostet dich bestimmt 50 Stunden Lebenszeit pro Jahr.«

Das hat mich überzeugt. Und manchmal kann es auch angenehm sein, Verantwortung an andere zu delegieren, vor allem im Straßenverkehr.

Heute lotst mich Gerda nach Neustadt. Am Abend lese ich dort aus meinem aktuellen Roman. Ich habe mich für die Mittagszeit mit Herrn Hoffmeister von der veranstaltenden Buchhandlung zum Schnack beim Essen verabredet.

Meine Begleiterin leitet mich auf A2 bis Braunschweig, dann die A395 Richtung Bad Harzburg. Schließlich befahre ich diverse Bundesstraßen im idyllischen Harz und bin restlos begeistert. Hätte ich eine solche Tour mit Karte geplant, hätte das bestimmt eine Stunde gekostet. Das Befahren diverser Irrwege nicht mitgerechnet. Ich klopfe mir im Geiste auf die Schulter. Eine kluge Investition.

Nach zwei Stunden verkündet Gerda: »Sie haben Ihren Bestimmungsort erreicht.«

Ich würde es zwar begrüßen, wenn sie mich duzt. Bei Fahrgemeinschaften mag ich eine persönliche Atmosphäre, doch sie lässt sich nicht dazu überreden.

»Danke schön. Guter Job«, lobe ich sie.

Ich finde sofort einen Parkplatz und freue mich, wie gut es das Leben mit mir meint.

Als ich aussteige, bin allerdings etwas verwirrt. Ich habe mir als Adresse Bahnhofstraße aufgeschrieben. Keine Buchhandlung in Sicht. Ich betrete eine Metzgerei.

»Entschuldigen Sie, ich suche die Buchhandlung Leselust. Wo finde ich die?«

Die korpulente Verkäuferin, deren Gesicht der Salami in der Auslage ähnelt, mustert mich misstrauisch.

»Buchwas?«

»Buchhandlung. Ich lese dort heute Abend. Sie sind herzlich eingeladen.« Ich zeige mich von meiner besten Seite. Vergeblich.

»So was gibt es hier nicht. Wir sind ein anständiger Ort.«

Eine Kundin meint: »Vielleicht in Niedersachsenwerften? Hier gab es wirklich noch nie eine Buchhandlung. Vor allem nicht mit diesem Namen.«

Okay, ich scheine hier falsch zu sein. Vielleicht gibt es hier im Harz noch ein anderes Neustadt? Der Ortsname soll ja nicht selten vorkommen, überlege ich. Ich trete auf die Straße und zücke mein Handy. »Joe, du musst mir helfen. Ich kann in dieses Navi keine Postleitzahl eingeben. Schau mal, ob es hier in der Ecke ein anderes Neustadt gibt. Und welcher andere Ort dort in der Nähe liegt.«

»Gibt es. Fahr vielleicht nach Mackenrode. Dort müsste es ausgeschildert sein.«

Brav tippe ich »Mackenrode« in mein Navi, und die Straße hat mich wieder. Gerda führt mich an idyllischen Orten wie Bad Sachsa, Bad Lauterberg Richtung Westen. Nach einer guten Stunde erreiche ich Mackenrode. Ich frage einen Passanten nach Neustadt. Keine Ahnung, da gibt es eins bei Hannover. Das kenne ich selbst, das ist es nicht. Dann könne er mir auch nicht weiterhelfen. Obwohl ich das Ortseingangsschild mit eigenen Augen gesehen habe, frage ich noch mal nach. Nee, Mackenrode stimmt schon. Aber das gibt es zweimal. Ich solle in Richtung Bad Sachsa fahren und dort weiterfragen.

»Ich habe ein Navi«, sage ich entrüstet. Da sollte Mensch nicht fragen müssen.

Er zuckt die Schultern. »Warum sprechen Sie mich dann an?«

Ist mir auch ein Rätsel.

Im Auto starre ich finster auf das Navi. Ich rufe noch mal Joe an. »Das Mackenrode ist falsch. Und das andere liegt neben dem Neustadt, wo ich schon war.«

»Nee, da gibt es kein anderes Neustadt. Allerdings im Südharz eine Straße, die Neustadt heißt. Auch in Harzgerode. Warum rufst du nicht einfach diesen Buchhändler an?«

»Ich habe die Nummer verlegt«, gestehe ich.

»Dann musst du die Orte abklappern. Du hast jetzt so ein tolles TomTom. Nutze es doch.«

Um 13 Uhr erzählt Gerda mit ironischem Unterton: »Sie haben Ihren Bestimmungsort erreicht.«

Nein, habe ich nicht. Nur ein weiteres Neustadt, einen lauschigen Luftkurort, allerdings ohne Buchhandlung.

»Hier erholt man sich«, erklärt mir der Wirt vom Goldenen Ochsen. »Da würde eine Buchhandlung nur stören.« Sehe ich ein.

Bis Harzgerode sind es nur 20 Minuten. Und tatsächlich. In der Nähe des Bahnhofs finde ich meine Buchhandlung. Nicht Bahnhofstraße, Nähe Bahnhof. Das hätte ich mir präziser notieren müssen. Auf mein Navi ist Verlass, nur nicht auf mich.

»Entschuldigen Sie, dass ich zu spät komme. Ich habe nicht so gut hergefunden«, begrüße ich Herrn Hoffmeister.

»Kein Thema. Haben Sie etwa kein Navigationsgerät? Ohne wäre ich auch aufgeschmissen.« Mitleidig klopft er mir auf die Schulter.

Ich sage nichts und schaue möglichst zerknirscht aus der Wäsche.

»Egal. Aber was machen Sie eigentlich schon heute hier? Die Lesung findet doch erst morgen statt.«

Davon hat mir Gerda nichts gesagt. Ich empfinde nur ein wenig Wehmut, als ich vor der Rückfahrt das Navi in den nächsten Mülleimer schmeiße. Delegieren ist einfach nicht mein Ding.

Wohnungstausch bringt Freudenrausch

Mein Kumpel Klaus ruft mich an. Genau genommen ist er gar nicht mein Kumpel, sondern eher eine dieser Zufallsbekanntschaften, wo Mensch gar nicht weiß, bei welchem unglücklichen Zufall man sich kennengelernt hat. Er wohnt mit seiner Familie in Unterlüß, einem Kaff in der Südheide, in dem mehr Kühe als Menschen wohnen. Meine Freude hält sich in Grenzen.

»Michael, lieber Freund, wie stehen die Aktien? Meine sind seit unserem letzten Aufeinandertreffen um 50 Prozent gestiegen.« Ich möchte gleich wieder auflegen. Jetzt erinnere ich mich. Ich habe Klaus und seinen Sohn Parzival in einem Indoor-Spielplatz kennengelernt. Er fand mich unwiderstehlich interessant und ließ sich zu diversen Kaffeegetränken einladen. Dabei erzählte er pausenlos von seinen Villen, prall gefüllten Bankkonten und befreundeten Prominenten. Angeblich sammelten er und Sigmar Gabriel im gleichen Club hochwertige Rotweine. Mit Hosen-Sänger Campino wollte er in einer Mannschaft Polo spielen. Und Merkels und er führen regelmäßig zusammen in den Urlaub. Ich glaubte ihm kein Wort und nickte nur brav. Wir seien bei der Geburt getrennte Zwillinge, behauptete er. Diese Aussage stürzte mich in eine kleine Krise, aber Andrea sagte, ich solle da nichts drauf geben. Klaus sei halt ein Idiot. Ich manchmal auch, aber generell eher ein guter Typ. Okay.

»Lieber Michael, wir möchten die Kultur, das Savoir-vivre der Landeshauptstadt Hannover genießen. Wollen wir für diese Zeit die Wohnungen tauschen?«

Möchte ich nicht. Ich möchte keinerlei Kontakt mit Klaus, aber Andrea ist begeistert.

»Wir haben doch schon lange keinen richtigen Urlaub mehr gemacht. Und außerdem musst du nicht mit Klaus sprechen, der ist schließlich bei uns und du bei ihm.«

Da hat sie recht. Und die Südheide ist eine schöne Gegend, wenn auch sehr einsam. Aber es sind ja nur drei Tage? Das halte ich aus.

Klaus freut sich riesig über unsere Zusage. Wenn wir uns auch nur bei der Schlüsselübergabe sehen.

»Wir müssen unbedingt etwas zusammen unternehmen. Mit Wowi in Berlin um die Häuser ziehen. Na, uns beiden Hübschen fällt schon was ein.«

Irgendwie behagt mir das Ganze nicht. Klaus, die Südheide, der Wohnungstausch. Das ganze Vorhaben steht unter keinem guten Stern. Aber vielleicht bin ich auch ein notorischer Pessimist.

Am Montag stehen Klaus, Vonni und Parzival pünktlich um acht bei uns auf der Matte. Klaus trägt einen todschicken Anzug, als würde er eine Vorstandssitzung der Telekom besuchen. Gattin Vonni ein passendes Abendkleid. Selbst Parzival trägt weißes Hemd mit Krawatte. Er mustert uns missmutig.

»Ich hoffe, unsere Wohnung ist gut genug für euch. Wir sind leider nicht dazu gekommen, groß aufzuräumen«, erklärt Andrea.

»Kein Problem.« Yvonne lacht, wird aber sofort ernst. »Bitte achtet bei uns darauf, alles sauber zu hinterlassen. Wir sind eine ordentliche Familie, und Parzival leidet unter Stauballergie. Da müsst ihr alles grundreinigen.«

Parzival hustet demonstrativ. Klaus schiebt rasch nach: »Unsere Villa im Country-Style war nicht günstig. Wir achten darauf, ihren Wert zu erhalten. Aber ich vertraue meinem Freund Michael.«

Er klopft mir jovial auf die Schulter. So heftig, dass mich wilder Schmerz durchzuckt.

In einer Stunde Fahrt durch Wälder und Wiesen und wiederum Wälder erreichen wir Unterlüß.

»Eigentlich muss hier die Villa liegen«, sage ich etwas ratlos.

»Von der Adresse her ist es dieses Haus.« Andrea zeigt auf ein schiefes Fachwerkhaus. Es liegt inmitten eines verwilderten Vorgartens, in dem jeder Botaniker 100 bisher unbekannte Unkräuter findet. Wir tasten uns langsam aufs Grundstück vor. Aus einem baufälligen Gehege grunzt es fröhlich. Drei wohlgenährte Schweine rennen auf uns zu. Süß, aber sie stinken bestialisch. Max kuschelt gleich mit einem. Den können wir hinterher in die Waschmaschine stecken und er riecht noch immer.

»Wir sind hier falsch, von Tieren hat uns Klaus nichts gesagt«, schließe ich.

»Ferien auf dem Bauernhof ist klasse.«

»Probiere doch erst einmal den Haustürschlüssel.«

Tatsächlich, er passt. Villa im Country-Style, soso.

Im Inneren sieht es noch abenteuerlicher aus. Kleidung liegt in den Fluren, schmutziges Geschirr türmt sich in der Küche. Als Beleuchtung hängen nackte Glühbirnen von den Decken. Gemütlich ist anders.

»Du bist manchmal ein richtiger Spießer. Bei uns sieht es manchmal auch nicht aus wie im SCHÖNER-WOHNEN-Heft«, rügt mich Andrea.

»Aber wir geben auch nicht so an.« Ich rufe Klaus an, um mich über die Schweineverköstigung zu informieren.

»Ach, die Borstenviecher hatte ich ganz vergessen. Da kommt ein Bauer vorbei, der Speisereste bringt. Mach dir keinen Kopf. Sonst gefällt es euch?«

»Super! Alles viel feudaler, als wir gedacht haben«, lüge ich.

»Das freut mich. Das Kompliment kann ich leider nicht zurückgeben. Ihr lebt ziemlich bescheiden. Aber nicht jeder ist mit einem goldenen Löffel im Mund geboren wie ich. Pass bloß gut auf meine Ponderosa auf. Wir sehen uns!«

Zähneknirschend lege ich auf. Was für ein Großkotz. Aber warum soll ich mir von anderen die Stimmung vermiesen lassen. Ich bin selbst verantwortlich für meine Gefühle. Daher fahren wir erst einmal in den Ort und kaufen ein. Heideidylle. Hier ist die Welt noch in Ordnung.

»Ich kann mir trotzdem nicht vorstellen, dass Campino mit Klaus in Unterlüß die Puppen tanzen lässt«, denkt Andrea laut.

»Egal, wir verbringen drei wunderbare Tage voll himmlischer Ruhe. Alles andere juckt mich nicht.«

Als wir in Klaus' Ponderosa die Haustür öffnen, erwartete uns eine unangenehme Überraschung. Es tropft Wasser aus dem Obergeschoss. Genau genommen fließt es bereits.

»Wo können wir hier das Wasser abstellen?«, frage ich hilflos.

»Weiß ich doch nicht. Lass dir was einfallen, aber rasch.«

Leichter gesagt, als getan. Aber es bleibt auch keine Zeit, sich groß Gedanken zu machen. Mit dem Geräusch einer Hochhaussprengung wackelt die Decke und fällt auf den Boden. Das ganze Laminat ist mit Lehmmatsch beschmiert.

»Tu doch was!«, brüllt jetzt auch Max.

»Warum ich?«

»Weil Klaus dein Freund ist.« Soso.

»Der Hauptwasserhahn ist meistens im Keller«, überlege ich.

»Hier gibt es keinen Keller«, ruft Max. »Hier ist ein Kabuff hinter der Küche. Das könnte dieser Haupthahn sein.«

»Du bist großartig, Max.« Ich drehe den Hahn, und der Wasserfluss stoppt. Wir umarmen uns vor Erleichterung.

Mein Telefon bimmelt. Klaus. Der hat mir gerade noch gefehlt.

»Mein lieber Freund, ist alles klar bei euch?«

»Natürlich. Alles entspannt«, behaupte ich.

»Wirklich? Du klingst etwas gehetzt. Vonni macht sich ein wenig Sorgen. Du weißt, wie pingelig sie mit unserer Villa ist.«

»Macht euch keine Sorgen. Ich muss jetzt aufhören, wir wollen zu einem Ausflug nach Uelzen aufbrechen.«

Als ich aufgelegt habe, klingelt es an der Haustür. Ich wate durch den Matsch und öffne.

»Oh hallo, ich bin Götz vom Nachbarhof. Ich bringe das Schweinefutter. Wo ist denn Klaus?«

Ich berichte kurz von dem Wohnungstausch. Auch vom Wasserschaden. »Das ist ja ein schöner Schlamassel. Aber da helfe ich natürlich. Mein Freund Bruno ist Installateur. Den Dreck bekommen wir auch weg. Da verständige ich Gerd und seine Freunde. Bleibt ruhig.«

Wir sammeln alle verfügbaren Eimer und schöpfen mit Schwämmen Wasser vom Boden. Eine Sisyphusarbeit. Nach einer halben Stunde hören wir Motorenlärm. Eine Gruppe Motorradrocker parkt vor dem Grundstück.

»Ich bin Gerd, Chef der Uelzen Panther. Goetz' Freunde sind meine Freunde. Word.«

Die Jungs sehen zwar nach 500 Jahren Knast aus, arbeiten können sie aber. Innerhalb von zwei Stunden ist die Leitung repariert und das Haus wirkt ordentlicher als vor dem Schaden. Nur die Decke wirkt ohne Lehm etwas nackt. Das Pausenkokain unserer neuen Freunde lehnen wir dennoch dankend ab.

»Wenn du mal Ärger mit jemandem bekommst, rufe mich an«, verabschiedet sich Gerd. Wir versprechen, über dieses Angebot nachzudenken. Rockern widersprichst du besser nicht.

Ein halbe Stunde später – wir erholen uns bei Apfelschorle in der Küche – parkt ein Hummer vor dem Haus. Klaus und Anhang stürzen ins Haus.

»Vonni hatte keine Ruhe. Hier muss etwas passiert sein.«

»Mein Ohrläppchen hat gewackelt, ein sicheres Anzeichen«, kreischt Yvonne.

»Wie sieht es denn hier aus?«, stöhnt Parzival.

»Ein Wasserschaden. Wir wollten euch nicht den Kurzurlaub verderben. Deine netten Freunde haben alles beseitigt. Sieht doch jetzt wie neu aus, oder? Der Lehmgeruch verflüchtigt sich bestimmt auch bald.«

»Da überlässt du einmal die Ponderosa einem Freund, und dann so was.« Klaus stapft wütend in der Diele herum. »Ich hoffe, du bist gut versichert, lieber Michael. Das wird nicht billig. Es kostet ein Vermögen, so einen Prachtbau zu sanieren.«

»Ihr habt unser Vertrauen missbraucht«, faucht Yvonne.

»Asoziale Arschlöcher«, setzt Parzival noch einen drauf.

Als zwei Wochen später Klaus' Rechnung über 100.000 Euro für die Beseitigung des von uns verursachten Wasserschadens im Briefkasten liegt, leite ich sie an Gerd von den Uelzen Panthers weiter. Er scheint die Rechnung beglichen zu haben, denn ich habe nie wieder von Klaus gehört.

20

Die Apfelweinmafia

Wir fahren in den Urlaub an die Ostsee nach Mecklenburg-Vorpommern. Den haben wir auch dringend nötig. Wenn ich in den Spiegel schaue, starrt mir in meinen Augen meine Rechnertastatur entgegen. Max murmelt das Große Einmaleins im Schlaf und Andrea will unserem Vermieter einen Marketingplan verkaufen, obwohl alle Wohnungen vermietet sind. Wenn sich jemand Urlaub verdient hat, dann wir. Meine Liebste hat sich Prospekte kommen lassen. Ferien auf dem Bauernhof. Da wird Max seinen Spaß haben und zwischen Pferden, Hühnern und Ziegen eine selige Woche verleben. Und wenn der Junge glücklich ist, sind es seine Eltern ebenso. So der Plan.

Nach fünf Stunden und 440 Kilometern behauptet mein neues Navi »Sie haben Ihr Ziel erreicht«. Wir stehen in der Kurve eines staubigen Feldwegs vor einem heruntergekommenen Gehöft.

»Das sah im Katalog aber ganz anders aus«, sage ich.

»Wo sind denn die Tiere?«, fragt Max.

»Wir sind betrogen worden. Aber die Bewertungen im Internet waren positiv, zumindest die meisten.« Andrea ist verzweifelt.

Wir klingeln an der Pforte. Nichts passiert.

»Michael, ist es in Mecklenburg normal, dass Bretter vor die Fenster genagelt sind?«

»Ich war noch nie in dieser Gegend. Bestimmt werden die Scheiben gerade repariert, bevor wir kommen.«

»Aha.« Max zweifelt.

Ich zücke mein Handy und rufe die Vermieterin Frau Planken an.

»Wir stehen vor Ihrer Ruine und klingeln am Tor.«

»Hier klingelt keiner. Guten Tag erst mal. Und was meinen Sie mit Ruine?«

»Wenn Ihnen Bruchbude lieber ist«, fauche ich.

»Hundehütte«, freut sich Max, losschimpfen zu dürfen.

»Verstehe ich nicht.« Frau Planken wirkt etwas reserviert. »Sind Sie sicher, dass Sie vor unserem Haus stehen? Links neben der Kirche.«

»Hier sind nur Staub und Einöde zu Hause.«

»Fahren Sie einfach weiter geradeaus. Sie sind in Anklam-Anlieger gelandet, nicht im Ort selbst.«

Peinlich! Wir fahren noch etwa einen Kilometer und erreichen Anklam. Das Navi will uns immer zur Umkehr bewegen. Doch wir halten durch. Ein weiß gekacheltes Bauernhaus muss unser Ferienhaus sein. Und tatsächlich.

»Haben Sie uns nun endlich gefunden?«

Das Haus wirkt einladend, die Frau Anfang 50 mit dem verkniffenen Gesicht weniger. Kein Wunder nach unseren Sprüchen. Wir entschuldigen uns. Konnte keiner wissen, dass es dieselbe Adresse zweimal gibt.

»Schwamm drüber«, sagt Frau Planken. Sie führt uns in unsere Wohnung. Hell, geräumig, bequem. Hier halten wir es aus.

Zur Begrüßung lädt uns die Gastgeberin zu selbst gekeltertem Apfelwein ein, Max bekommt einen Saft.

»Lecker«, versichere ich.

»Möchten Sie noch einen?« Klar, warum nicht? Die lange Fahrt hat durstig gemacht. Wir nehmen noch weitere Getränke, was Frau Planken sichtlich freut. Schließlich muss sie Tiere füttern und verabschiedet sich.

»Dann bekomme ich 36 Euro für die Getränke. Die halten wir am besten gleich ab.«

»Bitte?«, fragen wir erstaunt.

»Die Getränke sind nicht im Mietpreis enthalten. Die Minibar im Hotel müssen Sie schließlich auch bezahlen. Neun Getränke à vier Euro ergeben 36 Euro insgesamt.«

Zähneknirschend bezahle ich. Als Frau Planken die Wohnung verlassen hat, schwören wir, nie wieder ein Getränk bei der geschäftstüchtigen Dame zu bestellen.

Wir setzen uns auf eine Bank vor dem Haus, während Max die Umgebung erkundet. Überwiegend scheucht er Hühner im Gehege vor unserer Wohnung.

»Lass die armen Tier doch in Ruhe«, bitte ich.

»Das macht nichts.« Frau Planken führt ein Pferd zu den Ställen. »Die werden sowieso in den nächsten Tagen geschlachtet.«

Max' Gesicht verzieht sich, als ob er gleich weint.

»Vielleicht kannst du ein wenig reiten?«, fragt Andrea rasch, um ihn abzulenken.

»Auf den Hühnern?« Frau Planken lacht humorlos.

»Nein, natürlich auf dem Pferd.«

»Auf Fury? Der ist so klapprig, der kommt morgen zum Abdecker. Dann wird ihm die Kehle durchgeschnitten«, erklärt sie Max und fährt sich mit dem Finger über den Hals. »Ritsch, ratsch!«

Max ist verstört. Er will in die Wohnung und diese auch während des Urlaubs nicht mehr verlassen. Kein Wunder, er schließt Freundschaft mit den Tieren und erfährt, dass seine neuen Gefährten alle eines gewaltsamen Todes sterben sollen.

»Hier bleiben wir nicht länger«, sagt Andrea.

»Nee, diese Frau Planken geht überhaupt nicht. Lass uns in den nächsten Ort fahren. Dort ist bestimmt eine andere Wohnung frei.«

Wir wärmen Fertigbaguettes auf, die wir von zu Hause mitgenommen haben. Als ich den Ofen öffne, halte ich die Herdklappe in der Hand.

»Oh, oh. Das wird teuer«, unkt Max.

»Diese Klappe hält bestimmt jeder Besucher in der Hand.«

Wir legen uns hin. An Schlaf ist nicht zu denken. Jeder wälzt sich auf seinem Bett. Ich denke an Fury und die Hühner. Die können nicht flüchten.

Am nächsten Tag eröffnen wir Frau Planken, dass wir abreisen. Ihr herzloser Umgang mit den Tieren missfiele uns.

»Sie haben Ferien auf dem Bauernhof gebucht. Auf Höfen werden Tiere geschlachtet. Ihr seid mir schon verweichlichte Großstädter, aber egal. Sie haben bezahlt, Sie können fahren.«

Ihre Gleichgültigkeit wundert uns nicht wirklich.

»Was haben Sie denn mit der Offenklappe gemacht?«

»Das wollten wir Ihnen gerade mitteilen«, sagt Andrea.

»Einen Tag hier und schon geht alles zu Bruch. Das kenne ich eigentlich nur von Engländern und Russen. Schämen Sie sich. Das wird nicht billig. Ich muss einen Fachhandwerker kommen lassen. Da müssen Sie noch 150 Euro draufzahlen.«

Noch einmal lassen wir uns nicht betrügen.

»Das ist alles kein Problem, Frau Planken«, versichere ich. »Ich melde den Schaden meiner Haftpflichtversicherung. Die schicken einen Gutachter, der den Schaden taxiert. Anschließend bekommen Sie den Zeitwert erstattet.«

Frau Planken sieht gar nicht erfreut aus.

»50 Euro und wir vergessen die Angelegenheit.«

»30.« Ich bleibe hart.

»In Ordnung.« Sie steckt das Geld schnell in ihre Schürze. Wir wissen, sie hat uns wieder über den Tisch gezogen.

Wir fahren eine Viertelstunde zum nächsten Ort. An einem Fachwerkhaus finden wir ein Zimmer-frei-Schild. Herr Jobstmann ist ein freundlicher älterer Herr.

»Möchten Sie selbst gekelterten Apfelwein zur Begrüßung?«

Wir wollen, wissen aber, dass wir einen Fehler begehen. Es ist wirklich schwierig, sich zu erholen.

3. KAPITEL

Ein guter Freund ist das Beste auf der Welt

Ein Mensch braucht neben seiner Familie gute Freunde und liebe Verwandte, um sich wohlzufühlen. Ich kenne meinen Kumpel Joe seit Jahren und bin mit ihm durch dick und dünn gestiefelt. Seien wir ehrlich, mehr durch dünn. Auch die lieben Tanten mischen im Leben unserer Kleinfamilie mit. Diese haben ganz eigene Vorstellungen von Geburtstagsgeschenken. Aber einfach kann schließlich jeder.

21

Ich tanze das Wort Gesundheit

Mein Kumpel Joe und ich hocken wie jede Woche in Charlies Eck und diskutieren die Weltliteratur: Albert Camus, Thomas Mann und mein bescheidenes Œuvre.

»Weißt du, warum der Mann den Nobelpreis bekommen hat und du nicht?«

»Weil er große Romane verfasst hat, ich hingegen nur unterhaltsame Krimis?« Ich hasse solche Gespräche.

»Bullshit.« Joe leert sein Herri und bestellt ein neues. »Der war ein Fitnessfanatiker. Du solltest für deinen Bauch mittlerweile eine eigene Postleitzahl beantragen. Alkohol und Nikotin sind dem Schreiben auch nicht gerade zuträglich. Das hat der Mann kapiert.«

»Was verstehst du davon?« Wenn ich meinen Lebenswandel diskutieren will, rufe ich meine Mutter an. Und selbst die hat es aufgegeben, mich zum Gesundheitsfreak bekehren zu können.

»Ich nicht viel, aber meine Freundin Ingrid hat eine Frau kennengelernt, die versteht jede Menge davon. Wir haben über dich gesprochen, und sie kann deine Probleme lösen.«

Ich finde es bemerkenswert, dass mir unbekannte Leute meine mir unbekannten Probleme lösen können.

»Aha.«

»Ingrid sieht das auch so.«

»Aha.«

»Und deshalb sollen wir beide zu Petras Anti-Aging-Seminar für Männer gehen. Keine Sorge, du bist eingeladen. Mir liegt deine Karriere am Herzen.«

»Aha. Ich überlege es mir.«

Zwar beleidigt mich die Kritik an meiner körperlichen Verfassung – Muhammad Ali kämpfte schließlich auch im Superschwergewicht –, aber ein Blick am Abend in den Spiegel verrät mir, dass ein wenig körperlicher Ausgleich nicht schaden kann.

So betreten Joe und ich zwei Wochen später Petras Heilpraktikerpraxis. Bewaffnet mit Gemüse für das Mittagessen, das wir selbst zubereiten werden. Joe trägt einen Kürbis in seinem Jutebeutel, ich habe mein Radieschen dazugesteckt.

»Hallihallohallöle«, begrüßt uns Petra. Das muss ich ihr ja lassen. Die Mittfünfzigerin wirkt fitter als Aerobic-Päpstin Jane Fonda zu ihren besten Zeiten. Dazu versprüht sie ein Übermaß an guter Laune.

»Die geht mir auf den Senkel«, flüstert Joe.

»Ich finde sie nett«, stelle ich fest. Wenn mir einer die Grundlagen des gesunden Lebens begreifbar machen kann, dann eine Frau wie Petra. Außer uns befinden sich noch zwei Männer der Bierbauchfraktion, Engelbert und Heiko, im Seminarraum. Beide sind Mitte 40 und geschieden. Mit einem attraktiven Äußeren möchten sie bei Frauen punkten. Dann man tau. Ach, und dann ist da noch Gebhard. Der passt überhaupt nicht zu uns anderen. Mitte 20, straffer Körper, Zahnpastareklamelächeln.

»Ich bin Modell«, erzählt er ungefragt. »Ihr habt mich wahrscheinlich im Fernsehen gesehen. SCHISSER-Slips? Die Beine im VW Passat? Oder das Mittel gegen Verdauungsbeschwerden?«

Wir schauen selten Fernsehen, behaupten wir. Ein wenig Neid ist schon dabei. So wie Gebhard würde ich gern aussehen.

»Ich absolviere das Seminar zum dritten Mal«, erklärt er. »Früher habe ich ausgesehen wie ihr. Das hat mich echt frustriert. Dann bin ich zu Petra gegangen. Das Ergebnis seht ihr. Die Frau kann zaubern.«

Er dreht sich um die eigene Achse. »Und ich bin schon Mitte 50.«

»Glaub ich nicht. Du siehst fantastisch aus.«

»Heute bin ich etwas übermüdet, aber generell kann ich mich nicht beschweren.«

»Ganz nett«, murrt Joe. »Der ist doch nicht mal 30, der Lügner. Lass uns abhauen. Mich nervt das alles.«

»Kommt nicht infrage. Ich möchte so attraktiv wie Gebhard werden. Du hattest völlig recht. Mit so einem Körper verkaufe ich Massen an Büchern.«

»Bist du verrückt geworden? Ich habe den Mist doch nur erzählt, damit ich hier nicht allein hinmuss.«

Ich ignoriere Joe und setze mich in die erste Reihe.

Petra erzählt uns etwas über die Wichtigkeit des Trinkens. Fünf Liter Wasser sollen wir zu uns nehmen. Leuchtet mir ein.

»Leider gibt es kein gutes Wasser. Leitungswasser beinhaltet bis zu 1.000 Schadstoffe, das handelsübliche Mineralwasser ist radioaktiv verseucht.«

Wir schweigen betreten.

Schließlich frage ich: »Was können wir tun, Petra?«

»Eine sehr gute Frage, Michael.« Sie strahlt aus allen Poren. »Glücklicherweise gibt es eine Lösung. Du kannst Leitungswasser mit dem Aquafix-Filter reinigen. Das spart jede Menge Geld.«

»Das kann ich bestätigen«, sagt Gebhard. »Fünf Flaschen Wasser à einen Euro kosten 1.825 Euro pro Jahr, konservativ geschätzt. Unser Filter kostet lediglich einmal 250 Euro.«

»Den nehme ich«, sage ich begeistert.

Die anderen folgen, Gebhard kauft sogar zwei als Geschenk. Nur Joe lehnt ab. Will er nicht aussehen wie ein junger Gott?

Anschließend geht es zum Wiegen. Alle, bis auf Gebhard, tragen zu viel Körperfett mit sich herum. Gott sei Dank verkauft Petra diese Wagen, die sogar den Wasseranteil anzeigen. Schlappe 100 Euro. Weil wir es sind. Sie ist ein wahrer Schatz.

Mittagszeit. Wir essen jeder ein Stück Babybel, das Petra spendiert. Aus dem Gemüse schnippeln wir einen saftigen Salat. So viel Frische habe ich noch nie genossen. Da vergeht einem völlig der Appetit auf Pizza, Pommes und Gyros. Nur Joe mäkelt, dass er lieber in eine von Charlies verbrannten Frikadellen beißt als in vertrocknetes Gemüse. Spielverderber! Er wird es schon sehen: In zwei Monaten sehe ich aus wie Gebhard und er … Na noch immer wie Joe. Was per se nicht schlecht ist, aber auch nicht besonders gut. Petra hat Verbindungen zu einem Biobauern, der uns Gemüse frei Haus liefert. Für 100 Euro pro Fuhre! Sie verdient da nichts dran. Es geht nur um uns. Ich liebe diese Frau.

Am späten Nachmittag geht es um Sport. Wir alle, ausgenommen Gebhard sind ungelenker als die Bundeskanzlerin beim Fußballjubel. Dennoch heben wir brav die Beine, kneifen den Po zusammen und schmeißen unseren Oberkörper nach vorne. Nur Joe liegt lethargisch auf dem Boden und starrt böse Löcher in die Decke. Wird schon sehen, was er davon hat. Am Ende tanzen wir das Wort »Gesundheit« und ziehen einen Energiekreis um uns. Damit kann keiner uns was Böses anhaben. Klasse! Ich hätte nie gedacht, dass Bewegung Spaß macht. Vielleicht hätten mich meine Eltern doch auf eine Waldorfschule schicken sollen.

Gegen Ende des Tages stellt uns Petra noch ein tolles Produkt für unser Wohlbefinden vor: Algenextrakt. Das sind pure Vitamine. Ich abonniere eine monatliche Lieferung von 20 Kistchen für 100 Euro, Petra verdient nichts dran, und ordere dieselbe Menge für Joe. Er wehrt sich zwar mit Händen und Füßen, beschimpft mich als Volltrottel, aber ich bin ihm unendlich dankbar für mein neues Leben.

Als wir nach Hause gehen, ist die Stimmung zwischen uns angespannt. Nicht von meiner Seite, ich schwebe auf Wolken, aber Joe scheint etwas sauer auf mich zu sein. Wir laufen an Charlies Wohlfühltempel vorbei, ohne ihn eines Blickes zu würdigen. Unsere Verabschiedung fällt denkbar knapp aus. »Man sieht sich.«

Zwei Monate lang führe ich brav das Sportprogramm durch, speise Hüttenkäse mit Algenextrakt und tanze das Wort »Gesundheit«. Ich fühle mich trotz des permanenten Hungergefühls pudelwohl. Charlies Eck meide ich, denn Charlie hat mir verboten, mein Wasser zu filtern. Das würde sich negativ auf den Getränkeumsatz auswirken. Egoist. Muss er selbst wissen, ob er auf einen Stammkunden verzichten kann.

Da ruft mich eines Tages Gebhard an. Ich habe gerade einen Energiekreis um mich gezogen und berste vor Glück.

»Du bist doch auch ein großer Petra-Fan, Michael?«, fragt er.

»Ich verehre die Frau«, beteuere ich. »Wahnsinn, wie sich mein Leben verändert hat.«

»Du, Petra verkauft jetzt Finanzanlagen. An dem Gesundheitsschrott hat sie ja nichts verdient.«

»Oh, sagtest du Gesundheitsschrott?«

»Ich würde mich freuen, wenn du bei einem unserer Treffen vorbeikommst. Du kannst auch Mitarbeiter werden – wie ich. Petra vertritt einen Fond mit griechischen Staatsanleihen. Da verdient sie eigentlich auch nichts dran, nur die Kunden und ihre Mitarbeiter. Wie siehts aus?«

Als ich aufgelegt habe, rufe ich Joe an.

»Wann gehen wir mal wieder zum Charlie, mein Freund? Ich erzähl dir eine Geschichte, da wäre Thomas Mann trotz aller Fitness nicht drauf gekommen.«

22

Christkinds ungeschickter Helfer

Ich halte es für ein Gerücht, dass die Vorweihnachtszeit sich durch besondere Besinnlichkeit auszeichnet. Eigentlich bedeutet es nur Stress, sich auf das Fest der Feste vorzubereiten. Vor allem für meine Frau. Sie bastelt Adventskränze, stellt dekorativen Kram in die Wohnung und packt die Geschenke ein. Ich bin weitestgehend von diesen Aufgaben befreit, schließlich wurde ich mit zwei linken Händen geboren. Als Grobmotoriker darf ich nur den Weihnachtsbaum kaufen. Und das ist schwierig genug. Seit Andrea und ich ein Paar sind, hat der Baum noch nie ihr Wohlwollen gefunden. Zu schief, zu kahl, zu klein, zu groß. Der richtige Baum für meine Liebste muss erst noch gezüchtet werden. Ich gebe zu, dass es mir unendliche Genugtuung bereitete, als Schwiegermutter im letzten Jahr meinen Blautannenkauf über den grünen Klee lobte.

»Das ist ein Baum. Einfach toll«, staunte sie.

»Für mich ist das ein Opfer des sauren Regens.« Andrea mag meine Bäume einfach nicht. Angebote, den Christbaum selbst auszusuchen, hat sie aber hartnäckig abgelehnt. Irgendetwas müsse ich schließlich auch zum Fest beitragen. Recht hat sie.

Am heutigen Vorheiligabendnachmittag mache ich es mir gemütlich. Meine Liebsten sind in der Stadt und erledigen die letzten Einkäufe, da würde ich nur stören. Das höre ich gern. Stattdessen lasse ich mir ein Bad einlaufen und bringe mich mit Brian-Setzer-Weihnachtssongs in Stimmung. Da klingelt mein Handy.

»Wo bist du?«, fragt Andrea.

»Wo soll ich sein? Zu Hause.«

»Was machst du gerade?«

»Nix Besonderes«, lüge ich. »Entspannen. Habe ich auch nötig.«

»Das ist gut. Bei Max und mir wird es länger dauern. Bist du so lieb und packst schon die Geschenke für den Jungen ein? Sonst muss ich nachher eine Nachtschicht einlegen.«

»Du weißt schon, dass ich recht ungeschickt bin?«, frage ich entsetzt. Meine Planung für den Nachmittag scheint über den Haufen geschmissen zu werden.

»Jetzt, hab dich nicht so«, sagt Andrea ungeduldig. »Du wärst mir eine große Hilfe.«

Da kann ich schlecht was gegen sagen.

»Okay. Was brauche ich denn dafür?«

»Michael, du hast doch in deinem Leben schon Geschenke verpackt. Papier und tesafilm® findest du im Flurschrank, Max' Geschenke sind im Schlafzimmer versteckt. Bis nachher!«

Da hat sie mir eine große Aufgabe anvertraut. Andere Menschen leiden unter Legasthenie oder Laktoseintoleranz, meine Schwäche ist die Geschenkeverpacksthenie. Ich überlege. Soll ich nicht doch vorher baden? Aber wenn meine Liebsten früher heimkommen, würde Max mich erwischen. Dann würde er den Glauben ans Christkind verlieren, und Weihnachten wäre für alle versaut.

Okay, ich gehe das Projekt Weihnachtsgeschenke verpacken strukturiert an und setze mich an den Rechner. Ich öffne eine neue Word-Seite und entwerfe einen Plan: 1. Geschenkpapier aus Kommode holen. 2. tesafilm® aus Kommode holen. 3. Schere suchen. 4. Geschenke aus Schlafzimmer holen. 5. Geschenke auf den Schlafzimmerboden legen. 6. Geschenkpapier ausschneiden. 7. Geschenke mit Papier umhüllen. 8. Geschenke verkleben. 9. Projektziel erreicht.

Mensch, allein die Planung hat schon eine halbe Stunde gedauert. Wie lange werde ich erst für die Ausführung benötigen. Es klingelt an der Wohnungstür.

»Hallo.« Herr Butz, der Nachbar unter uns, steht im Jogginganzug vor der Tür.

»Hallo, frohes Fest«, begrüße ich ihn.

»Ja, genau. Irgendwas stimmt nicht bei Ihnen. Es tropft aus der Decke.«

Die Wanne … Die habe ich nicht in meinen Projektplan aufgenommen. Mist! Ich stürze ins Bad. Der ganze Boden schwimmt in Erkältungsbadlauge. »Ich habe alles im Griff. Schönen Abend noch«, rufe ich Richtung Tür. Schnell zum Rechner und Projektplan ergänzen: 00. Wasser ausstellen. 01. Wasser vom Boden aufwischen. Jetzt habe ich es. Diese Punkte habe ich auch in einer knappen Viertelstunde erledigt. So ganz unpraktisch und verkopft, wie mein Vater immer meinte, bin ich doch nicht. Dann drucke ich meine Planung aus.

Geschenkpapier aus Kommode holen. Leider finde ich es dort nicht. Ich rufe Andrea an.

»Es muss dort sein. Es war immer dort. Schau doch noch mal genau.«

Auch wenn ich eine Brille trage: Mehrere Rollen buntes Papier auf einem halben Quadratmeter kann ich gerade noch entdecken.

»Jetzt guck doch richtig.« Andrea wird ungeduldig.

»Es ist nichts da. Ich schwöre.«

»Ach, stimmt. Ich hatte gestern bereits etwas eingepackt. Sieh im Küchenschrank nach.«

Dort finde ich wirklich Papier und tesafilm®. Überlege, ob ich meinen Projektplan umschreiben muss, aber das wäre doch ein zu großer Verwaltungsaufwand. Als Nächstes suche ich Max' Geschenke. Ist die Karte fürs Slayer-Konzert wirklich für Max? Der steht doch eher auf Rolf Zuckowski. Andrea rufe ich jetzt aber nicht noch mal an, schließlich lieben Frauen selbstständige Männer. Denke, die ist für mich und nur versehentlich in die Max-Geschenkecke geraten. Tue so, als hätte ich sie nicht gesehen. Aber der LEGO-Flughafen, der ist für den Sohnemann. Und das Monopoly-Spiel.

Jetzt kommt der unangenehme Teil. Basteln, Malen und Verpacken war mir schon immer ein Graus, schließlich habe ich in Kunst den einzigen blauen Brief meiner Schulzeit bekommen. Vielleicht sollte ich doch lieber erst meinen Projektplan verfeinern. Schreiben liegt mir eher. Aber davon packen sich die Geschenke auch nicht ein. Also, dann man tau.

Leider weiß ich nicht aus dem Kopf, wie man die Geschenkpapierfläche im Verhältnis zum zu verpackenden Volumen berechnet. Kann ich das irgendwo nachlesen? Mir fällt ein, dass mir die Kenntnis dieser Formel auch nichts nützen würde, da ich keinen Zollstock zur Hand habe. Also nach Gefühl. Sagt Andrea auch immer.

Leider rechnet mein Gefühl schlechter als Andreas. Der Flughafen passt nicht in das ausgeschnittene Blatt. Die Ränder sind zudem krumm und schief. Aber wie soll ich mit einer Nagelschere auch gerade schneiden. Warum hat sie den ganzen Kram nicht im Geschäft einpacken lassen. Ist doch kostenlos und schont Nerven. Natürlich ist es generell schöner, Geschenke selbst einzupacken, aber Max weiß meine Mühen bestimmt nicht zu schätzen. Den interessiert doch nur der Flughafen, nicht die Verpackung.

Leider ist nach einer Viertelstunde Rumexperimentiererei mit unterschiedlichen Papieren die Rolle verbraucht. Vielleicht kann

ich die fehlenden Seiten mit Zeitungspapier ergänzen. Sieht zwar nicht optimal aus, wäre aber eine praktische Lösung. Und alte Zeitungen liegen genug bei uns rum.

Okay, das Problem der Papiergröße ist gelöst. Leider reißt mir der tesafilm® ab und klebt felsenfest auf der Rolle. Ich kann weder sehen noch erfühlen, wo der Klebstreifen anfängt. Da muss ich wohl noch mal in die Stadt, um eine neue Rolle zu kaufen. Ich habe den Papp auf. Es klingelt. Das Wasser ist doch abgestellt.

»Moin, komme nur auf ein schnelles Vorweihnachtsbier vorbei.« Mein Kumpel Joe drängt sich an mir vorbei in die Wohnung.

»Eigentlich bin ich beschäftigt, Geschenke verpacken. Ich bin in einer Krise. Das tesaband® ist verhunzt.«

Joe nimmt sich eine Flasche Herri aus dem Kühlschrank. Dann untersucht er die Rolle.

»Da kann man nichts machen«, sagt er. »Aber warum verpackst du selbst? Für meine Söhne erledigt das meine Exfrau. Mein Geschenk für den Sohn von Ingrid verpackt sie. Das können Frauen einfach besser. Das muss ich neidlos anerkennen. Und selbst dein Geschenk lasse ich von Amazon umhüllen. Deine Patchworklösung mit der Zeitung finde ich zwar kreativ, schön ist aber anders. Darf ich davon ein Foto für Facebook schießen?«

»Was soll ich machen? Ich möchte an Weihnachten mit einer glücklichen Familie feiern.«

Joe überlegt.

»Meine Exfrau Gisela wohnt nur eine Straße weiter. Sie ist sehr hilfsbereit. Mehr fällt mir auch nicht ein.«

Als Andrea und Max nach Hause kommen, liegen alle Geschenke optisch einwandfrei verpackt im Schlafzimmerschrank. Später begutachtet Andrea mein Werk.

»Wirklich schön. Hätte ich dir gar nicht zugetraut.«

»Kein Ding, du kannst das wesentlich besser.«

»Na, aber da sehe ich mal, wozu du in der Lage bist, wenn ich dich lasse. Du kannst in Zukunft immer die Geschenke verpacken.«

»So toll war ich wirklich nicht.«

»Zier dich nicht so.« Andrea küsst mich zärtlich. »Nicht jeder Mann kann so gut verpacken. In dir schlummern noch unentdeckte Talente.« Jetzt schäme ich mich doch ein wenig. Immerhin ist Weihnachten gerettet. Und ein Blumenstrauß pro Jahr für Joes liebenswerte Exfrau Gisela liegt innerhalb meines Weihnachtsbudgets.

Am nächsten Tag fliegt Max nach der Bescherung mit seinem LEGO-Flugzeug ins Schlafzimmer.

»Was ist das?«, fragt er und zeigt auf die leere Geschenkpapierrolle unter meinem Schreibtisch.

»Da musste das Christkind noch schnell was einpacken«, flunkere ich.

»Michael, ich bin neun. Mir kannst du keine Märchen mehr erzählen. Ich weiß, dass du meine Geschenke eingepackt hast.«

»Ich schwöre, dass ich kein einziges Geschenk eingepackt habe.« Immerhin lüge ich diesmal nicht.

»Stimmt, du hättest das nie so sauber hinbekommen. Aber die Geschenke kommen von euch. Die habe ich schon vor Wochen im Schlafzimmerschrank gesehen. Das Christkind verpackt es dann nur«, nickt er zufrieden.

Schön wäre es. Joes Foto meiner Geschenkverpackung hat übrigens 76 Likes bei Facebook erhalten. Vielleicht habe ich doch Talent.

23

Gott richtet es schon

Das Telefon klingelt morgens um sechs Uhr. Das kann nichts Gutes bedeuten. Um diese Zeit rufen noch nicht einmal Callcenter-Pestbeulen an, um mich zu meinem Handytarif zu befragen. Habe ich gestern mein Auto ins Halteverbot gestellt? Mir schwant Böses.

»Lass klingeln«, murmelt Andrea im Halbschlaf.

»Kann wichtig sein«, rappele ich mich hoch und stolpere schlaftrunken durch den Flur zum Telefon.

»Bresser.«

»Hallo«, flüstert eine weibliche Stimme aus dem Hörer. »Bin ich da richtig?«

Ich habe mitten in der Nacht keine Lust auf Quizspiele und lege auf. Sofort klingelt es wieder.

»Hallo, spreche ich da mit dem Michael? Ich telefoniere nur selten und weiß nicht, was ich sagen soll.«

»Tante Bettina?« Die jüngste Schwester meiner Mutter lebt im Wendland, eine der einsamsten Gegenden Deutschlands, in der seltsame Leute leben. Zumindest sind Tante Betti und Onkel Kurt-Hinrich für meinen Geschmack eigenartig.

»Mir geht es nicht gut. Ich möchte euch einladen. Wie wäre es heute zum Mittagessen?« Wir haben uns bestimmt zehn Jahre nicht gesehen. Von mir aus könnte es so bleiben.

»Wenn es ihr nicht gut geht. Sei nicht so herzlos«, faltet mich Andrea beim Frühstück. »Wenn sie stirbt, machen wir uns Vorwürfe.«

»Du kennst sie nicht«, stöhne ich. »Sie sind sehr anstrengend.«

Da weder Max noch Andrea mir glauben, quält sich mein altersschwacher Ford zwei Stunden später durch Felder, Wälder und Rehfamilien Richtung Lüchow. Idyllisch, findet meine Familie.

»Was machen die beiden noch mal beruflich?«, fragt Andrea.

»Nichts. Hinner ist seit seinem 25. Lebensjahr Frührentner. Er hat sich angeblich bei der Bundeswehr mit Asthma infiziert und kann daher nicht mehr bei der Sparkasse arbeiten. Bettina hat Theologie studiert. Sie ist aber der Landeskirche zu schräg. Daher hat sie nie eine Pfarrstelle bekommen. Bis vor zwei Jahren haben sie bei den Schwiegereltern in Lüneburg gelebt. Die meinten dann, mit Mitte 50 sollten sie auf eigenen Füßen stehen, und haben ihnen das Haus im Wendland gekauft. Eine Stunde Fahrtzeit bis Lüneburg, damit sie nicht dauernd bei ihnen auftauchen.«

»Oh«, sagt Andrea. »Die sind schon vom Schicksal benachteiligt.«

»Wie man es nimmt. Aber sie sind auch selbst schuld. Niemand hat sie gezwungen, 30 Jahre lang auf der faulen Haut zu liegen.«

»Du bist herzlos, Michael. Ich bin entsetzt.«

»Fleiß ist nicht alles«, beeile ich mich, meinen Fauxpas auszubügeln. »Sonst sind es herzensgute Menschen.«

Kurz darauf stehen wir vor einem baufälligen Fachwerkhaus in einem kleinen Wäldchen.

»Gott sei mit euch«, begrüßt uns Bettina freudestrahlend. »Endlich lerne ich deine liebe Frau und den kleinen Max kennen. Die hat dir der Herrgott geschenkt.«

»Ich bin nicht klein, sondern schon neun«, beschwert sich Max.

»Wie niedlich«, tätschelt und küsst sie unseren Nachwuchs.

Wir betreten die Diele. Hier stapeln sich bestimmt 50 Umzugskartons vor den Wänden.

»Uns fehlt einfach die Zeit und Kraft zum Auspacken. Aber der Herrgott wird es schon richten«, sagte Bettina entschuldigend.

»Ich wusste nicht, dass Gott Kisten auspackt«, kann ich mir nicht verkneifen. Andrea tritt mir auf den Fuß.

»Ihr habt es schon schwer«, sagt Andrea und umarmt Bettina.

»Ohne unseren Glauben würden wir es nicht schaffen«, murmelt meine Tante. Ein Pfiff ertönt.

»Bettina, ich habe Hunger!«, brüllt ein Mann. Das ist bestimmt Kurt-Hinrich.

Wir betreten das Wohnzimmer. Hier warten auch diverse Umzugskartons an den Wänden. Immerhin sorgen ein Sofa, Flachbildfernseher und ein Eichenholztisch für ein Mindestmaß an Wohnlichkeit. Die in Plastikfolie verpackten Campingstühle sind wahrscheinlich für uns bestimmt.

Auf dem Sofa thront im blauen Jogginganzug Kurt-Hinrich auf dem Kopf trägt er eine HSV-Mütze. Um den Hals hängt eine Kordel mit einer Trillerpfeife.

»Herzlich willkommen«, grunzt er. »Ich kann leider nicht aufstehen, um euch zu begrüßen. Wasser in den Beinen. Wenn sich Bettina im Haus herumtreibt, pfeife ich. Wann können wir endlich spachteln?«

»Wir haben ein kleines Problem, Schatzi. Ich habe zwar Erbsensuppe gekauft, aber unsere Töpfe sind noch eingepackt. Wie soll ich kochen?«

»Du dusselige Kuh. Du bist einfach zu blöd für diese Welt«, brüllt Hinner.

Bettina sackt ins sich zusammen.

»Du hast recht, Hinner. Ich bin deiner nicht wert.«

»Das ist kein Grund für Unstimmigkeiten«, versucht Andrea, die Wogen zu glätten. »Wie kocht ihr denn sonst?«

»Lieferheld«, schreit Hinner. »Die kochen wenigstens pünktlich. Mein Blutdruck steigt.«

»Vater unser im Himmel, geheiligt werde dein Name …«, murmelt Bettina.

»Dann machen wir es doch heute auch so«, schlage ich vor.

»Gut«, grunzt Hinner und gibt mir eine Karte des Bringdienstes. »Ich nehme die griechische Leber.«

Wir wählen Pizza Salami. Bettina nichts. »Ich habe wieder mal versagt und muss bestraft werden. Immerhin hat Gott uns geholfen.«

Die Atmosphäre ist beklemmend. Wir packen die Campingstühle aus und unterhalten uns mit Hinner über die Perspektiven seines Fußballclubs, die wir natürlich positiv sehen, schließlich möchten wir nicht angebrüllt werden. Bettina sagt nichts, sondern starrt in sich gekehrt an die Wand.

Schließlich klingelt der Pizzabote.

»Bettina zahlt. Ich lade euch natürlich ein«, dröhnt Hinner.

»Liebling, ich bin nicht dazu gekommen, Geld abzuheben«, flüstert Bettina.

»Ich glaub es nicht! Du bist zu nichts zu gebrauchen. Wenn ich könnte …«

»Wir übernehmen das«, sage ich schnell und drücke dem Fahrer 30 Euro in die Hand.

»Danke«, sagt Bettina mit tränenerstickter Stimme. »Euch hat der liebe Gott geschickt.«

Während des Essens bekommt Hinner einen Hustenanfall. Sein Gesicht läuft rot an, auf seiner Stirn pulsiert eine Ader bedrohlich. Bettina beginnt wieder zu beten. Ich stehe auf und klopf ihm auf den Rücken. Ein Stück Leber fliegt ihm aus dem Mund.

»Du hast mir das Leben gerettet«, keucht er. »Wäre ich mit dieser Doofen allein gewesen, wäre ich gestorben.«

»Bitte hör auf, in unserer Gegenwart deine Frau zu beleidigen«, sagt Andrea, die ihre Wut kaum unterdrücken kann.

»Sag doch so was nicht zu deinem Onkel«, flüstert Bettina. »Wenn er sich aufregt, kann es mit ihm vorbei sein.«

Hinners Gesicht färbt sich wieder rot. »Ich werde in meinem Haus doch sagen können, was ich will. Da muss ich mir von keiner hergelaufenen Trulla etwas sagen lassen.«

»Komm, wir gehen«, sagt Andrea. »Das tue ich mir nicht länger an.«

»Ihr könnt noch nicht gehen, es gibt noch Kuchen«, fleht uns Bettina an.

»Wir fühlen uns nicht willkommen«, erwidert Andrea.

»Ich glaube an Gott, den Vater, den Allmächtigen ...«, startet Bettina ein erneutes Gebet.

»Halt die Fresse, du bekloppte Betschwester, du.«

Wir flüchten, raffen unsere Jacken zusammen und rennen zur Tür.

»Dobryj djen.« Zwei junge, muskulöse Männer in schicken Dreireihern stehen vor der Tür. »Du bist Kaschnitzki?«

»Nein, ich bin nur Gast. Der sitzt im Wohnzimmer.«

»Bitte bleibt. Diese Männer schickt der Teufel«, fleht Bettina.

»Nicht Teufel. Petersburg Inkasso. Sie Bibeln für 250 Euro bestellen und nicht bezahlen.«

»Wir haben kein Geld im Haus. Tun Sie uns nichts an.«

»Nichts antun, nur Knochen brechen.« Der Typ mit dem Rapperbart zuckt bedauernd die Schultern.

»Wir übernehmen das«, sage ich rasch. Ich möchte mir nicht nachsagen lassen, dass wegen meiner Untätigkeit Tante Bettinas Arme pulverisiert wurden.

»Ich wusste, dass Gott hilft«, murmelt Bettina. »Ihr seid herzensgute Menschen.«

Andrea und ich kratzen unser Bargeld zusammen. Dann verschwinden wir gemeinsam mit den Inkassoschlägern. Bettina ruft uns bis zum Auto Segnungen hinterher.

»Du hast recht. Teile deiner Verwandtschaft sind sehr strange«, bricht schließlich Andrea das Schweigen.

»Sag ich doch. Sie ist von der Religion besessen und er ein Prolet.«

In diesem Augenblick stottert der Motor meines Autos und verstummt. Mitten auf der Landstraße im Nirgendwo.

»In der ganzen Aufregung habe ich vergessen zu tanken«, gestehe ich.

Andrea verdreht die Augen. »Das hat uns nach diesem furchtbaren Tag gerade noch gefehlt. Und nun?«

»Keine Ahnung. Das nächste Kaff dürfte mehr als zehn Kilometer entfernt sein. Und ob es dort eine Tankstelle gibt. Das kann ein langer Fußmarsch werden.« Mir ist zum Heulen zumute.

»Versuchen wir es doch wie Tante Bettina«, meldet sich Max von der Rückbank. »Lieber Gott, ich melde mich selten bei dir. Bitte schicke uns Hilfe.«

»Ach, Max«, sagt Andrea. »Gott hat so viel zu tun. Um so kleine Probleme kann der sich nicht kümmern.«

»Wir schieben das Auto auf den Seitenstreifen. Dann stiefele ich los. Ihr könnt so lange hier warten.«

Als ich gerade das Auto verlasse, sehe ich, wie sich ein gelbes Auto nähert. Ein gelber Engel vom ADAC. Ich winke wie verrückt.

Der freundliche Mann schenkt uns fünf Liter. Damit erreichen wir 20 Minuten später die nächste Tankstelle.

»Tante Bettina hat recht«, triumphiert Max. »Beten hilft bei allen Problemen. Werde ich bei der nächsten Mathematikarbeit ausprobieren.«

Wir nicken. So scheint es zu sein.

Am Abend ruft meine Schwester Karina an.

»Du ahnst nicht, wer mich heute angerufen hat.«

Ich kann es mir zwar denken, spiele aber den Ahnungslosen.

»Tante Bettina hat mich und Gunnar für morgen zum Essen eingeladen. Sie hätte so lange keinen aus der Familie gesehen. Außerdem geht es ihr schlecht. Möchtet ihr vielleicht mitkommen? Sie scheint Hilfe zu brauchen.«

Leider haben wir anderweitige Verpflichtungen. Wir beten für Max' nächste Mathearbeit.

24

Allein mit Tante Gundula

Frau und Kind fahren morgen für eine Woche zur Schwiegermutter in den Harz. Ich bin erkältet, wandere zwischen Erkältungsbad und Bett hin und her. Und wieder zurück.

»Du bleibst besser zu Hause und kurierst dich aus«, stellt meine bessere Hälfte fest. Recht hat sie. Für Ausflüge und Wanderungen bin ich nicht in Stimmung. Ich schlurfe höchstens zum Kleiderschrank, um einen zweiten Schal herauszuholen. Fieser Schüttelfrost.

»Aber du bist nicht allein. Das beruhigt mich.«

»Lässt Max sein Kuscheltier zu Hause?«

»Das vielleicht auch. Aber Tante Gundula möchte dich gesund pflegen. Deine Mutter hat ihr von deinem Zustand erzählt.«

»Tante Gundula«, freue ich mich.

»Könnte der Besuch nicht etwas anstrengend für mich werden?«, lässt meine Freude nach kurzer Überlegung etwas nach.

»Mach dir keine Sorgen. Die Wohnung ist blitzblank geputzt. Nahrungsmittel habe ich eingekauft. Deine Tante fühlt sich seit Onkel Egons Tod nur etwas einsam. Ihr unterhaltet euch nett, sonst gibt es nichts zu tun für sie.«

Ich stimme ihr zu. Montag um acht Uhr setzen sich meine Liebsten in die Straßenbahn Richtung Bahnhof. Um 8.30 Uhr klingelt es an der Haustür. Ich ziehe den Bademantel an und hetze durchs Treppenhaus nach unten.

»Jungchen, was machst du denn? Dich möchte ich nicht auch noch verlieren.«

Tante Gundula umarmt mich so fest, dass ich Angst habe, dass sie mir die Rippen bricht. Vorsichtig befreie ich mich aus der Umklammerung.

»Ich bin nur erkältet, davon geht die Welt nicht unter.« Ich hebe Tante Gundulas Koffer, der mir sofort aus der Hand gerissen wird.

»Jungchen, du musst dich schonen. Du bist der Kranke.«

Tante Gundula knickt sofort ein. »Ich habe für so was einfach keine Kraft mehr«, stöhnt sie. Tränen fließen.

»Ich will dir doch helfen, Tante.« Eigentlich bin ich mit meiner Kraft schon am Ende, doch den Koffer werde ich noch in die Wohnung tragen können.

»Papperlapapp! Mit einem Bein im Grab will er mir noch helfen.«

Na schön, ich habe es versucht. Während ich voranschleiche, müht sich Tante Gundula Stufe um Stufe hinterher. Von lautem Gestöhne begleitet.

»Hilft Ihnen denn keiner?« Unser Vermieter Herr Habermann. Der hat mir gerade noch zu meinem Glück gefehlt.

»Ist ja keiner da«, jammert Tante Gundula. Habermann greift sich den Koffer. Bei ihm protestiert sie nicht. Er murmelt etwas von jungen Männern, die ältere Damen gern die Treppe runterschubsen würden, Erziehungslagern und Adolf Hitler. Ich fühle mich nicht angesprochen.

»Wenn Sie Hilfe brauchen, ich bin oft im Haus. Einfach rufen«, verabschiedet sich Habermann mit grimmigem Blick in meine Richtung.

»Ach, nach den ganzen Strapazen würde ich gern einen Kaffee trinken. Von Wanne-Eickel nach Hannover ist es eine kleine Odyssee.«

»Kein Problem. Ich koche einen«, biete ich an.

»Was ist denn das hier?«, ruft Tante Gundula, nachdem sich die Wohnungstür hinter ihr geschlossen hat.

»Was ist denn *das* hier? Da lässt dich deine Frau für eine Stunde allein und schon sieht die Wohnung aus wie ein Saustall. Männerwirtschaft!« Tante Gundula schlägt die Hände über dem Kopf zusammen. »Dass ich das auf meine alten Tage noch erleben muss.«

Bis auf mein Hannover-96-Trikot auf der Couch sieht die Wohnung wie aus dem Ei gepellt aus, für mich schon klinisch steril. Das ist aber nur meine Meinung. Unter lautem Protest meinerseits holt Tante Gundula Putzzeug und Staubsauger aus dem Schott. Dabei jammert sie: »Gut, dass dein Onkel Egon schon von uns gegangen ist. Das würde ihm den Rest geben.«

Ich drücke unmissverständlich meinen Ärger über ihren Aktionismus aus. Ohne Erfolg. Daher ziehe ich mich ins Schlafzimmer zurück und lege mich ins Bett. An Schlaf ist leider nicht zu denken. Entweder röhrt der Staubsauger, oder Flippers-Songs dröhnen aus dem Radio.

Mein Handy klingelt. Andrea. »Ist Tante Gundula gut angekommen?«

»Ja, alles super.«

»Was sind denn das für Hintergrundgeräusche?«

»Kommt von den Nachbarn. Alles gut bei uns. Du brauchst dir keine Sorgen zu machen.«

»Ich mache mir keine Sorgen. Sollte ich?«

»Natürlich nicht«, überzeuge ich sie.

Tante Gundula hat mittlerweile die Wohnung auf Vordermann gebracht. Nicht, dass ich einen Unterschied sehe. Und wir besichtigen jeden Quadratzentimeter.

Das Thema Ordnung ist jetzt Gott sei Dank abgehakt. Nun möchte sie für mich kochen.

»Ich kann aber keine Kartoffeln schälen. Das lässt mein Rheuma nicht zu.«

»Ich habe sowieso keinen Hunger. Eine Scheibe Brot reicht mir.«

»Du musst doch was Richtiges essen, Jungchen, sonst fällst du mir komplett vom Fleisch.«

Bei 90 Kilo kann ruhig viel vom Fleisch fallen. Der Meinung bin aber nur ich. Tante Gundula schält dann doch Kartoffeln und Möhren. Ich kann ihr nur das Versprechen abringen, unseren Vermieter außen vor zu lassen.

»Schade, ich hatte daran gedacht, ihn um Hilfe zu bitten. Ein reizender Mann. Ist er verheiratet?«

Eine Stunde später ist der Möhreneintopf fertig. Schmeckt sicherlich lecker. Leider sind die Geschmacksrezeptoren meiner Zunge vollkommen taub. Ich könnte momentan ohne Würgen rohe Leber verspeisen. Dennoch lobe ich Tante Gundulas Kochkünste, was sie mit zufriedenem Lächeln honoriert. Zum Dank muss ich noch eine zweite Portion verspeisen. Obwohl ich pappsatt bin.

»Zier dich nicht so, Jungchen. Du musst doch wieder zu Kräften kommen.«

Ich kann es nicht mehr hören. Nach der Fütterung lege ich mich wieder hin. Tante Gundula verfolgt eine Gerichtsshow im Fernsehen. Leider ist sie ein wenig schwerhörig, sodass ich das Gefühl habe, direkt neben Alexander Hold auf der Richterbank zu sitzen.

Das Abendessen lasse ich ausfallen. Man könnte mich noch immer durch die Wohnung kugeln. So voll fühle ich mich. Daraufhin telefoniert Tantchen entrüstet mit meiner Mutter. Die scheint jedoch die Klagen ihrer Schwester kaltzulassen. Wütend schmeißt Gundula den Hörer auf, schnappt sich ihr Strickzeug und sticht mit den Nadeln die Wolle förmlich ab. Ein Wunder, dass kein Blut heraustropft.

Es herrscht Funkstille zwischen uns. Wohltuende Ruhe. Mühsam schleppe ich mich ins Bett und schlafe sofort ein. Ich träume sogar. Von einem irischen Bauernhof nah der Küste, umgeben von Weiden, auf denen Schafe grasen. Der nächste Mensch lebt 20 Kilometer weit von mir entfernt. Doch auf einmal bebt die Erde. Während ich noch überlege, ob es auf der grünen Insel Erdbeben gibt, wache ich auf.

Tante Gundula steht an meinem Bett und rüttelt an mir.

»Ich habe dir einen Tee gekocht. Kamille mit Baldrian. Damit kannst du bestimmt rasch einschlafen.«

»Ich habe schon geschlafen!«, knurre ich.

»Ohne Tee? Glaube ich nicht. Wenn du schon nichts isst, musst du wenigstens trinken. Kein Widerspruch.«

Ich habe keine Lust auf weitere Diskussionen und nippe an dem Getränk. Tante Gundula klopft mir auf den Arm.

»So ist es brav. Dich bekommen wir schon wieder fit.«

Dieser Baldrian wirkt wirklich einschläfernd. Obwohl Tante Gundula in Discolautstärke eine Liebesschmonzette im Fernsehen schaut, dämmere ich weg – bis ich wieder aufgeweckt werde.

»Ich gehe jetzt schlafen. Wollte nur sehen, ob du gut versorgt bist.«

»*Lass mich in Ruhe*«, verliere ich die Fassung. »Ich habe schon geschlafen. Ich brauche nichts. Leg dich endlich hin. Bitte!«

»Du bist krank. Du weißt nicht, was du sagst«, murmelt Tante Gundula. »Das war bei deinem Onkel Egon in der Endphase genauso.«

»*Bitte*!«

Ich liege die ganze Nacht über wach und diskutiere im Geiste mit Tante Gundula. Ich brülle sie an, doch sie reagiert mit buddhistischer Ruhe, was mich noch mehr in Rage bringt. Schließlich schlafe ich doch ein. Bis jemand wieder meinen Arm drückt.

»Ich will mich verabschieden, Jungchen.«

Tante Gundula trägt Mantel und Hut.

»Willst du einkaufen? Es ist alles im Haus.«

»Nein, ich fahre zurück nach Wanne-Eickel. Ich merke doch, dass mich die Krankenpflege mittlerweile überfordert. Bei Onkel Egon habe ich das gerade noch geschafft, doch bei dir reibt es mich zu sehr auf. Ich bin schließlich nicht mehr die Jüngste. Tut mir leid, Jungchen.«

»Das tut mir leid. Ich will dich nicht überfordern. Komm gut nach Hause, Tante.«

Innerlich schlage ich drei Kreuze.

»Mir ist natürlich klar, dass du nicht allein bleiben kannst, schließlich ist deine Frau noch eine knappe Woche im Urlaub. Deshalb habe ich Tante Clotilde gebeten, dich zu pflegen. Sie freut sich über eine neue Herausforderung nach dem Tod von Onkel Heiner. Sie kommt heute Abend mit dem Zug. Ist das nicht schön?«

25

Meine beste Freundin

Es gibt gute Freunde, die findet Mensch im Laufe seines Lebens. Es gibt beste Freunde, die finden dich und bleiben ein Leben lang. Meine beste Freundin Angelika trifft mich auf einem Konzert der Goldenen Zitronen. Ich sehe beim Verlassen des Musikzentrums eine grauhaarige Dame um die 50, die mit Zigaretten jongliert.

»Habe ich geschenkt bekommen, ich rauche nicht«, erklärt sie.

»Wunderbar, freut mich für dich«, sage ich und will weitergehen.

»Ich wohne in Braunschweig, leider habe ich den letzten Zug verpasst.«

»Das tut mir leid.« Jetzt will ich erst recht weitergehen.

»Ich bin krank. Die Psyche ist manchmal durcheinander. Manisch depressiv nennt man mein Krankheitsbild. Wenn ich hier allein in der Stadt bin, bekomme ich einen Schub.«

Eigentlich will ich sagen, dass ich nichts mit der Krankheit einer mir unbekannten Person zu tun habe, aber das kann ich vor meinem Gewissen nicht verantworten. Sind ja schließlich nur anderthalb Stunden Fahrzeit.

Auf der Autofahrt durch den peitschenden Regen erfahre ich, dass Angelika Informatik studiert. Vor drei Jahren ist ihre Diplomarbeit durchgefallen, nun unternimmt sie einen neuen Anlauf.

»Wegen meiner Krankheit dauert alles etwas länger«, stöhnt sie. »Als ich 1983 auf der Uni angefangen habe, gab es noch Tonbänder als Datenspeicher. Jetzt rast die Entwicklung an mir vorbei.«

1983 war ich zwölf. Da hat sie schon studiert? Ich überlege, was ich in diesem Jahr alles angestellt habe. Wahrscheinlich bin ich mit der Blechtrommel um den Christbaum gelaufen.

»Du hast es wirklich schwer«, murmele ich.

»Endlich einer, der mich versteht. Ich wusste gleich, dass wir auf der gleichen Wellenlänge surfen. Da ist was zwischen uns, ich weiß zwar nicht was, aber es geht sehr tief. Wir haben uns gesehen, und schon wusste ich, dass wir beste Freunde werden.«

Als ich zwei Stunden später wieder zu Hause bin, fragt mich Andrea, ob ich nach dem Konzert noch etwas trinken war.

»Ich habe eine neue beste Freundin. Die will uns alle zu sich nach Braunschweig einladen. Mit Max. Sie und ihr Freund lieben Kinder.«

Wir freuen uns. Angelika ruft eine Woche später bei uns an.

»Nee, mit der Einladung klappt es noch nicht so rasch. Das wird aber nachgeholt. Ich habe ein kleines Problem. Wir wohnen mit den Schwiegereltern unter einem Dach. Horst säuft und schlägt die Schwiegermutti. Das halten wir nicht aus. Wir ziehen nächsten Samstag um. Kannst du uns helfen?«

Das kommt mir relativ ungelegen, schließlich habe ich Max versprochen, am Nachmittag in den Zoo zu gehen.

»Ich überlege es mir.«

Dabei habe ich die Rechnung ohne meine Liebste gemacht.

»Du kannst Angelika und ihren Freund doch nicht einfach da sitzen lassen. Sie ist doch so nett.«

Also sage ich Angelika zu. Sie verspricht mir auch, dass wir nachmittags fertig sind, und ich mit dem Sohn die Eisbären und Erdmännchen besuchen kann.

Am Samstag steige ich um sechs Uhr ins Auto und hetze 60 Kilometer nach Osten, schließlich soll alles rasch und effizient abgewickelt werden, wie sich Angelika ausdrückte. Ich klingele an dem weißen Reihenhaus, deren obere Etage Angelika und ihr Freund Ingo bewohnen. Ein blasser Typ im karierten Schlafanzug öffnet mir, bestimmt Ingo.

»Schon mal auf die Uhr gesehen? Du bist verdammt früh«, begrüßt er mich mit verhaltener Begeisterung. »Käffchen?«

Eigentlich will ich anpacken, schleppen und alles rasch hinter mich bringen. Aber gut.

Ich folge ihm in die Küche, wo Angelika bei einer Tasse Kaffee in der Zeitung schmökert.

»Moin, du bist aber früh.«

»Wir wollten doch zeitig starten, damit ich nachmittags mit Max den Zoo besuchen kann.«

Angelika zuckt mit den Achseln. »Wo du es sagst. Meine Krankheit macht mich vergesslich. Für einen Kaffee hast du doch Zeit?«

»Eigentlich würde ich lieber sofort anfangen.«

Angelika schaut Ingo fragend an.

»Gut, wie du willst. Aber ich brauch erst einmal einen Hallo-Wach, sonst geht bei mir gar nichts. Fang schon mal im Wohnzimmer an.«

Ich gehe in den Nebenraum. Der sieht genauso ordentlich wie die Küche aus.

»Was soll ich von hier wohin schaffen?«, frage ich Angelika.

»Michael.« Sie schaut mich mitleidig an. »Erst einmal muss das Inventar in Umzugskartons geräumt werden. Bist du noch nie umgezogen?«

»Ihr habt noch nichts ausgeräumt?«

»Ach, das ist doch schnell gemacht. Nur keine Thermik.« Ingo gießt sich in aller Seelenruhe Kaffee in eine Diddl-Tasse.

»Und wo sind diese Umzugskartons?« Mein Blutdruck steigt rasant.

»Die muss Bärchen noch im Baumarkt besorgen«, sagt Angelika, während sie beginnt, das Kreuzworträtsel in der Zeitung zu lösen.

»Hauptstadt Italiens mit drei Buchstaben? Ort passt da nicht. Der letzte Buchstabe muss ein Z sein.«

»Ich fahre gleich los. Erst einmal Kaffee schlürfen. Hock dich zu uns.«

Ich bekomme Schnappatmung, hätte ich nicht gedacht.

»Wisst ihr was, macht euren Mist allein. Ich habe nicht alle Zeit der Welt.«

»Du musst dich entspannen, Michael. Ich besuche einen tollen Meditationskurs. Der würde dir bei deinen Aggressionsproblemen helfen.«

»Meditation ist klasse«, schmatzt Ingo. »Dabei schlafe ich wie ein Baby.«

Andrea wundert sich, dass ich bereits um zehn zu Hause eintreffe.

»Schon fertig? Das ging ja rasch.«

»Die hatten nichts vorbereitet und haben die ganze Zeit Kaffee getrunken«, ereifere ich mich.

»Du musst schon Verständnis haben. Angelika ist krank, die verhält sich nicht wie ein gesunder Mensch. Finde ich blöd von dir. Zeig Verständnis für deine Mitmenschen. Nachher bekommt sie einen neuen Depressionsschub, und du bist dran schuld. Entschuldige dich wenigstens für deine Ungeduld.«

»Die wirkte aber ziemlich fröhlich.«

»Solche Krankheiten sind für uns Laien nicht auf den ersten Blick erkennbar. Das solltest du wissen. Denk an deinen Blinddarmdurchbruch.«

Vielleicht hat Andrea recht. Ich rufe Angelika an.

»Sorry, dass ich so plötzlich aufgebrochen bin. War eine Kurzschlussreaktion.«

»Das macht nichts. Es sind noch ein paar Freunde gekommen, die Kartons geholt haben und jetzt alles ausräumen. Ich möchte euch übrigens gern einladen. Kommt ihr morgen Mittag in den Goldenen Hamster in Braunschweig? Ich feiere dort meinen Geburtstag.«

Andrea und Max sind begeistert.

»Du schmeißt die Brocken hin, und Angelika lädt uns alle ein. Die Frau kann verzeihen. Nimm dir mal ein Beispiel.«

Ich schäme mich und fahre in die Stadt, um ein Geburtstagsgeschenk zu besorgen: eine dekorative Swarovski-Schale für Angelikas neue Wohnung. Die übersteigt zwar mein Budget, aber das schlechte Gewissen legt einige Euros drauf. Ich will mich meiner besten Freundin würdig erweisen.

Der Goldene Hamster ist eine Eckkneipe mit abgedunkelten Scheiben. Gemütlich ist anders. Angelika, Ingo und an die zehn Gäste sitzen in einer langen Reihe. Die meisten wirken wie Nerds oder Piraten-Politiker. Aber ich halte mich mit ironischen Kommentaren zurück, schließlich muss ich noch aus dem Fettnapf herausklettern, in den ich gestern reingefallen bin.

»Hallo, ihr Lieben.« Angelika herzt Max und umarmt Andrea, als gehörten sie zu ihrer im letzten Krieg verschollenen Familie. Hastig reißt sie unser Geschenk auf.

»Oh, Swarovski! Da bekommt man bei eBay einen guten Kurs.«

Als ich mich beleidigt fühlen will, flüstert Andrea: »Du hast sie sehr gekränkt, da ist sie noch nicht drüber weg.« Meine Liebste hat wie immer recht. Eigentlich kann es mir auch egal sein, ob Angelika die Schale zu Hause aufstellt oder im Internet versilbert. Geschenkt ist geschenkt.

»Die ist wirklich nett«, sagt Andrea, als wir uns ans Ende des Tisches platzieren. »Jetzt ist sie unsere beste Freundin.«

Angelika erhebt sich: »Liebe Freunde, esst, was euch Freude macht. Wir werden einen tollen Tag verleben, da bin ich sicher.«

Wir studieren die Speisekarte. Die ist etwas einseitig, da es ausschließlich Schnitzel gibt: Wiener, Schweizer, Toskanische, Jäger- oder Zigeunerschnitzel.

»Gibt es keine Nudeln?«, fragt Max den korpulenten Wirt.

»Nudeln ist aus. Iss Schnitzel. Das gibt Kraft.«

Gut, Andrea und ich wählen das Schweizer Schnitzel, Max das Wiener. Eine Salatbeilage gibt es auch nicht, dafür ist der Preis von 20 Euro pro Gericht reichlich happig. Aber wir sind eingeladen. Da müssen wir nicht aufs Geld schauen. Die Getränke kosten auch fünf Euro. Angelika lässt es wirklich krachen. Auch das Wiener Schnitzel schwimmt in brauner Pilzpampe, die Max nicht mag.

Den Wirt stört das wenig: »Ist schon richtig. Es wird gegessen, was auf den Tisch kommt. Haben dir das deine Eltern nicht beigebracht!«

Als ich aus der Haut fahren will, beruhigt mich Andrea: »Wir sind eingeladen, Michael. Da bleibt man höflich.«

Mühsam nicke ich. Meine Frau hat immer recht, rufe ich mir ins Gedächtnis. Max stochert lustlos auf seinem Teller herum und verkündet nach einem mikroskopischen Bissen, keinen Hunger mehr zu haben. Ich eigentlich auch nicht. Die Soße besteht aus reinem Maggi, das Schnitzel aus Presspappe. Andrea scheint es genauso gut zu schmecken, denn sie erklärt, ab morgen kein Fleisch mehr zu essen.

Andererseits unterhalten wir uns nett mit dem Tischnachbarn Detlef, einem bärtigen Mittvierziger, der IT-Seminare für Senioren und Kinder veranstaltet.

»Wenn Max teilnehmen will, bekommt er selbstverständlich Rabatt.«

Wir bemerken, dass 60 Kilometer für den Computerkurs eines Neunjährigen etwas weit entfernt ist. Detlef bezeichnet uns daraufhin als Rabeneltern, die den Wissensdurst ihres Sohnes ignorieren würden. Max' Einwand, er bräuchte keine Schulung, da er auf diesem Gebiet fitter als seine Eltern sei, wird ignoriert.

»Du bist zu jung, um zu wissen, was du brauchst.« Wir bewundern Detlefs Engagement und pädagogisches Geschick, möchten aber trotzdem sein Angebot vorerst nicht annehmen. Er scheint verstimmt zu sein und setzt sich ans andere Ende des Tisches.

Nach zwei Stunden erhebt sich Angelika und klopft an ihr Glas. »Ihr Lieben, Ingo und ich müssen jetzt nach Hause. In unserer neuen Wohnung wartet Arbeit ohne Ende auf uns. Seid so lieb und zahlt für uns mit. Bei Gelegenheit revanchiere ich mich.«

»Hast du gehört, was ich gehört habe?«, fragt Andrea, während Angelika und Ingo rasant das Lokal verlassen.

»Ich weiß nicht, was du gehört hast«, sage ich. »Aber du musst berücksichtigen, dass Angelika krank ist. Und noch Studentin. Wir haben früher auch Partys gefeiert, wo die Gäste alles mitbringen mussten.«

»Jetzt bist du zu großzügig. Deine Angelika kann uns nicht einladen und dann sollen wir alles selbst zahlen und sie auch noch einladen.«

»Vorhin war es noch unsere beste Freundin«, wage ich anzumerken. Nach einem bitterbösen Blick führe ich diese Gedanken nicht weiter aus. Andrea ruft den Wirt und bittet um die Rechnung. Zähneknirschend blättere ich über 100 Euro hin. Das war eine teure Einladung.

»Hats geschmeckt?«, fragt der Wirt.

»Super«, lüge ich und lege 50 Cent Trinkgeld drauf.

Auf der Rückfahrt redet sich Andrea in Fahrt.

»Diese Angelika sucht doch nur Dumme, die sie ausnutzen kann. Ich verstehe nicht, dass du so was nicht merkst. Halt dich von dieser Frau fern, die bringt nichts Gutes.«

Ich schweige. Als Max anmerkt, dass er Angelika nett findet, erteilen wir ihm Redeverbot. Nach einer Minute tut es uns aber leid, dass wir unsere Wut auf Angelika an dem Jungen auslassen, und entschuldigen uns bei ihm. Was für ein Tag.

Eine Woche später ruft Angelika an.

»War doch eine schöne Geburtstagsfeier. Danke, dass ihr gekommen seid. Deine Frau und den Jungen habe ich gleich ins Herz geschlossen.«

»Mhm«, sage ich vielsagend.

»Ich möchte gern eure Stadt entdecken. Nanas, Herrenhäuser Gärten und die wundervolle Altstadt, eine Woche lang. Da wäre es blöd, jeden Abend nach Braunschweig zurückzufahren, oder? Kann ich bei euch unterkommen? Ich würde mich auch erkenntlich zeigen. Ihr müsst nicht groß für mich kochen. Ich esse alles, was ihr auch esst, nur vegan muss es sein. Mein Arzt hat mir gestern gesagt, dass Fleischkonsum schlecht für meine Krankheit sei.«

»Nein, wir lassen uns nicht mehr von dir ausnutzen. Umziehen, ohne selbst einen Finger zu rühren, zum Geburtstag einladen und noch nicht mal das eigene Essen zahlen. Das mache ich nicht mehr mit. Such dir andere Blöde.«

Diese Dreistigkeit ist nicht zu überbieten.

»Und dabei dachte ich, wir wären beste Freunde. Aber du verstehst leider gar nichts«, weint Angelika aus dem Hörer. »Ich glaube, ein neuer depressiver Schub kommt.«

Doch ich bleibe hart und unerbittlich, Andrea ebenso.

Als Angelika eine Woche später bei uns einzieht, kochen wir nichts Besonderes für sie. Wir wollten schließlich sowieso unsere Ernährung auf vegane Küche umstellen.

26

Der Querulant

Mir läuft der Schweiß von der Stirn. Ich arbeite – und zwar kno-
chenhart. Warum muss ausgerechnet ich den Text einer Gebrauchsanweisung für eine Kaffeemaschine aus dem Japanischen ins Deutsche übersetzen? Sprachkenntnisse des Japanischen wären echt von
Vorteil. Auch die Bilder neben den Hieroglyphen helfen wenig. Als
Max ins Arbeitszimmer stürmt, weiß ich es. Kinder müssen er-
nährt werden, auch mit schlechten Jobs. Der Sohn kümmert sich
allerdings wenig um meine Sorgen. Er hält mir das Telefon entgegen
und strahlt wie ein Osterhase, wenn die Kinder seine Eier in der
Regentonne entdecken.

»Oma!« Ich greife zum Apparat. »Darf ich noch weiter fernsehen?«

Eine elegante Taktik. Eigentlich hat der Sohnemann lang genug
vor der Flimmerkiste gehockt, aber vor meiner Mutter will ich das
nicht ausdiskutieren.

»Danach fängst du mit Mathe an«, rufe ich ihm hinterher, aber
das hört nur die Zimmertür.

»Hallo, Mama«, sage ich automatisch, während meine Gedanken
um die Funktionen des Kaffeeautomaten kreisen.

»Weißt du schon das Neuste?« Meine Mutter hält sich nicht lange
mit Begrüßungsformalitäten auf.

»Mhm«, sage ich.

Musst du erst den roten oder den grünen Knopf drücken? Ja-
panische Vorlagen sind manchmal schwer verständlich, vor allem,
wenn du die Sprache nicht verstehst.

»Onkel Heinz zieht ins Seniorenheim.«

»Nun, er hat keine näheren Angehörigen, ist mittlerweile 80.
Wundert mich nicht«, murmele ich.

»Nach Hannover!«

»Was? Warum denn das? Er hat doch zuletzt in Gelsenkirchen gelebt. Wieso Hannover?«

»Er möchte in der Nähe seines Lieblingsneffen seine letzten Tage verbringen. Das bist zweifellos du.«

Ich höre einen schnippischen Unterton heraus und denke über meine Beziehung zum Onkel nach. Heinz spuckt während des Essens seinen Kautabak in eine angegammelte Schalke-Tasse, empfängt Besuch in Feinrippunterwäsche und trinkt bereits zum Frühstück Bier. Er war der Held meiner Jugend. Im Laufe der Zeit habe ich ihn kritischer gesehen. Besonders seine Schnappatmungsanfälle bei Politikern aller Couleur sind mehr als ermüdend, schließlich weilen Willy Brandt und Konrad Adenauer seit mehr als 20 Jahren in einer anderen Dimension. Kein Grund, sie noch heute als heuchlerische Bastarde und Leichenschänder zu betiteln.

»Und nun?«, frage ich ratlos.

»Du musst ihn besuchen, schließlich ist er dein Onkel. Sonst wohnt niemand in seiner Nähe. Deine Schwester Karina zählt nicht, die ist nie gut mit ihm ausgekommen.«

»Ich auch nicht!«

Im Geiste sehe ich, wie Onkel Heinz jedes Wochenende in Unterwäsche vor unserem Fernseher liegt und seine Zigarettenkippen auf den Boden schmeißt.

»Nein, wirklich nicht!«

»Dein verstorbener Vater würde sich im Grab umdrehen, wenn er dich so reden hörte«, sagt Mama und legt auf.

»Das kannst du deinem Vater nicht antun«, sagt wenig später meine Liebste.

»Onkel Heinz ist Cholera und Pest in einer Person«, protestiere ich. »Wenn der unsere Wohnung verwüstet hat, möchte ich dich hören.«

»Du bist manchmal richtig herzlos, Michael. Ich frage mich, warum ich dich geheiratet habe.« Das kann ich nicht auf mir sitzen lassen. Am nächsten Sonntag fahren Max und ich zum Antoniusheim, einem pompösen Altbau aus der Gründerzeit. Drinnen riecht es nach Urin und Desinfektionsmitteln.

»Bresser«, stelle ich mich an der Pforte vor. »Ich möchte zu meinem Onkel Heinz.«

Die Schwester mustert mich misstrauisch. »Zweiter Stock, immer der Musik nach.«

Wo sie es sagt, vernehme auch ich pompöse Wagnerklänge. Wir stiefeln zwei Treppen hoch und gelangen auf einen langen Flur. Vor einem Zimmer stehen zwei Pfleger und eine Schwester.

»Herr Bresser, zum letzten Mal. Bitte stellen Sie die Musik leiser«, fleht der bullige Mann im weißen Kittel.

»Darf ich mal?«, schlängele ich mich an dem Menschenauflauf vorbei durch die Tür.

Onkel Heinz hockt auf einem Ohrensessel, die Füße auf dem

Wohnzimmertisch. Der Linoleumboden klebt vor Kautabakspucke. Zur Wand des Nachbarzimmers steht ein Gettoblaster, aus dem die *Wallküre* dröhnt.

»Michael«, freut sich Onkel Heinz. »Schön, dich zu sehen.«

»Kannst du die Musik bitte ausstellen? Die Trompeten erschüttern das ganze Haus.«

»Hä?« Onkel Heinz zeigt auf sein Hörgerät, das neben dem Aschenbecher liegt. »Ich kann dich nicht hören. Habe mich ausgestöpselt. Die Musik ist so laut.«

Max freut sich und scheint das Ganze für eine Party zu halten. Ich schalte die Anlage aus.

»Danke«, freut sich die Schwester. »Bitte machen Sie Ihrem Onkel klar, dass er Rücksicht auf die anderen Bewohner nehmen muss. Musik nur in Zimmerlautstärke. Und hinterlassen Sie bitte Ihre Rufnummer. Falls es wieder Probleme gibt.«

Zähneknirschend rücke ich eine Visitenkarte raus.

»Warum bedröhnst du das ganze Haus?«, frage ich Onkel Heinz, als er sein Hörgerät wieder justiert hat.

»Nur den Nachbarn. Dieser Straten ist ein Nazi. Der will mich totschlagen. Den muss ich aus dem Haus treiben.«

Ich gebe einen Haufen Plattitüden von mir: Wir sind alles Menschen und müssen friedlich zusammenleben. Wenn dich einer auf die linke Wange schlägt, halte die rechte hin. Friede ist mit den Friedfertigen. Ich wundere mich über mich selbst, was für ein Schwachsinn meinen Mund verlässt. Erstaunlicherweise ist Onkel Heinz rasch überzeugt. Er knufft mich freundschaftlich in den Bauch. »Weiß ich doch, Kleiner.«

Ich bin beruhigt und setze mich. Da fährt ein hutzeliges Männchen im Rollstuhl an der offenen Zimmertür vorbei.

»Schmeiß deine Bomben woanders ab, du Al-Qaida-Terrorist.« Heinz wirft dem Mitbewohner seine brennende Zigarette hinterher.

Max hebt sie auf und gibt sie Onkel Heinz zurück. Der tätschelt ihm entzückt den Pony. »Guter Junge. Hast du gesehen, wie dieser Rollstuhlfurzer mich attackieren wollte?«

Ich weise Onkel Heinz darauf hin, dass sein Verhalten gar nicht geht. Leider bewundert ihn Max.

»Kommst du mit mir zur Schule, Onkel Heinz? Dann macht mich der Kevin nicht mehr schief von der Seite an.«

Onkel Heinz verspricht, diesem Rotzlöffel das Fell über beide Ohren und durch den Allerwertesten zu ziehen. »Allerwertester« ist eine bessere Formulierung als das Wort, das Heinz gebraucht hat, erkläre ich Max. Der findet seinen Großonkel sichtlich cooler als den Stiefvater.

Abends im Bett schwöre ich mir, das Antoniusheim in näherer Zeit zu meiden. Da klingelt das Telefon.

»Bresser.«

»Schwester Uschi. Es gibt Schwierigkeiten mit Ihrem Onkel.«

»Mir egal«, antworte ich wütend. »Ich bin nicht sein Erziehungsberechtigter.«

»Aber sein nächster Verwandter. Wenn Sie nicht sofort ins Heim kommen, müssen wir leider die Polizei zu Hilfe holen.«

Im Geiste höre ich Mama »Dein Vater würde sich im Grab umdrehen« sagen und kleide mich wieder an. Dafür will ich nicht verantwortlich sein.

Im Heim treffe ich auf Schwester Uschi, eine aparte Rothaarige, die mich zu Onkel Heinz Zimmer führt. Der steht mit seinem Rollator vor der Tür und zielt mit Pfefferspray auf Herrn Straten, der in zittriger Hand ein Messer hält. Ein Plastikmesser, um genau zu sein, mit abgebrochener Klinge.

»Onkel Heinz, Herr Straten, was soll das Theater«, frage ich wütend.

»Er hat mich mit einer Wortwahl beleidigt, als würden wir im Dritten Reich leben. Ich zeige Zivilcourage, mein Lieber. Das kann man von dir nicht behaupten.«

»Ich wollte mich nur entschuldigen, dass ich an Ihrer Tür vorbeigerollt bin«, stammelt Herr Straten.

»Du hast mich als alte Judensau beschimpft, du Faschist.«

Ich schiebe Onkel Heinz etwas unsanft in sein Zimmer zurück.

»Jetzt ist Ruhe. Ich möchte nicht noch einmal in dieses Heim bestellt werden, weil du Blödsinn machst. Ab sofort verhältst du dich wie ein zivilisierter Mensch, verstanden?«

»Zu Befehl, Neffe! Ich verhalte mich ab jetzt gesitteter als die Musterschülerin eines Mädchenpensionats. Du brauchst dir keine Sorgen zu machen.«

Ich habe Onkel Heinz von den Vorteilen eines friedlichen Miteinanders überzeugt, was mich mit Stolz erfüllt. Der alte Knabe hat mehr Vernunft, als man glaubt.

Wieder im Bett, sage ich: »Der Gute wird sich schneller einleben, als wir denken.«

Andrea küsst mich. »Schön, mein Schatz. Ich finde es sexy, wie du dich um deinen Onkel kümmerst. So etwas machen nicht viele Männer.« Mit stolzgeschwellter Brust schlafe ich ein. Alles wird gut und eigentlich ist Onkel Heinz unter seiner rauen Schale ein liebenswerter Mensch.

Am nächsten Morgen sitze ich vor dem Laptop und versuche, die Gebrauchsanweisung zu vollenden, als wieder das Telefon klingelt. »Gisela Berger vom Antoniusheim. Es gibt Probleme mit Ihrem Onkel.«

Eine Viertelstunde später sitze ich im Büro der Heimleitung.

»Ihr Onkel hat mich beschuldigt, sein Sparbuch geklaut zu haben. Ein ernster Vorwurf. Sollte keine Entschuldigung erfolgen, muss ich ihn wegen Falschbeschuldigung anzeigen.«

Traurig blicke ich Onkel Heinz an. »Hattest du mir nicht etwas versprochen?«

»Wenn mich die alte Schrapnelle beklaut. Meine gesamten Ersparnisse sind futsch.«

»Vielleicht hast du dein Sparbuch verlegt?«

»Nix verlegt, Michael. Da waren fünf Euro drauf, und ich habe gesehen, wie sie dem Hausmeister einen Fünfer zugesteckt hat, um Kippen zu kaufen. Glaubst du an Zufälle? Manchmal bist du schrecklich naiv.«

Am nächsten Abend schläft Onkel Heinz auf unserer Wohnzimmercouch, nur, bis er wieder eine eigene Wohnung besitzt. Seltsamerweise spuckt er keinen Kautabak mehr auf den Boden und flucht höchstens, wenn er im Bad allein ist. Andrea und Max wissen gar nicht, warum ich mich jemals über diesen liebenswerten älteren Herrn geärgert habe. Während ich heimlich Onkel Heinz' Zigarettenstummel aus den Blumentöpfen fingere, frage ich mich das auch.

Den Auftrag für die Gebrauchsanweisung habe ich mittlerweile abgelehnt und studiere lieber Broschüren für eine Umschulung zum Altenpfleger.

27

Apfelschälen für den (Familien-)Frieden

Tante Gundula hat Geburtstag. Meine Schwester Karina und ich beraten, was wir Tantchen schenken.

»Sie hat doch alles«, sagt Karina.

»Aber jeder hat Wünsche. Sie beschenkt uns immer reichlich. Da können wir sie nicht leer ausgehen lassen.«

»Fragen wir sie doch selbst.«

Eine gute Idee! Doch Tantchen versichert, dass sie nichts braucht. Sie hätte alles Glück der Welt, mit so reizenden Nichten und Neffen gesegnet zu sein. So kommen wir nicht weiter. Wir beschließen, dass Karina etwas aussucht. Sie wird schon Tantchens Geschmack treffen. Einen Tag später ruft sie an.

»Tante Gundula hat doch viele Apfelbäume. Sie backt Apfelkuchen, legt Kompott ein und hat beim Gladbecker Appeltatenfest den Preis für die fixeste Apfelschälerin gewonnen.«

»Und wo hilft uns das weiter?«

»Ich habe im Internet den Profiapfelschäler von LURCH entdeckt. Damit schälst du Äpfel in Sekundenschnelle. Tantchen ist auch nicht mehr die Jüngste.«

Wir schweigen für einige Sekunden andächtig. Die Idee ist wirklich gut. Karina kauft dieses Wundergerät und schickt es mit einer Grußkarte nach Wanne-Eickel.

Am Geburtstag rufe ich an. »Herzlichen Glückwunsch, liebe Tante.«

»Danke, danke, Lieblingsneffe. Was für ein Tag. Ich habe mich schwer über das Geschenk deiner Schwester geärgert. Wie kommt sie auf die Idee, mir so einen blöden Apfelschäler zu schenken? Auf der Hitliste der unnützen Geschenke meines Lebens ist das die Nummer 1. Man schenkt doch mit einer gewissen Philosophie. Die Beschenkte sollte sich freuen. Nee, da ist einfach nur ein Staubfänger entsorgt worden. Kannst du nicht dieses hässliche Gerät für mich bei eBay verkaufen? Dann kann ich den Erlös wenigstens dem Tierheim spenden.«

Ich werfe verschämt ein, dass auch ich den Apfelschäler geschenkt habe.

»Junge, du hast mich schwer enttäuscht. So ein hirnloses Geschenk. Damit hättet ihr niemandem eine Freude gemacht. Was habe ich euch nur getan?«

Sie legt auf. Ich bin gefrustet. Hätte sie nicht wenigstens so tun können, als ob sie sich freut? Wenn sich jemand nichts wünscht, ist ein Apfelschäler schon eine ganze Menge mehr. Viel mehr. Karina ist auch deprimiert. Bei ihr hat Tante Gundula schon nicht mehr den Hörer abgenommen. Der Anrufbeantworter verkündete, dass Nichten und Neffen sie mit unehrlich gemeinten Glückwünschen und furchtbaren Geschenken in Zukunft verschonen sollten. Das ist deutlich.

Als Nächster feiere ich Geburtstag.

»Tante Gundula kommt übrigens zum Kaffee«, verrät Andrea.

»Das wundert mich. Seit unserem Apfelschälergeschenk hat sie nichts mehr von sich hören lassen.«

»Am Telefon klang sie gut gelaunt. Ich denke, die Geschichte ist vergessen. Sie hat natürlich übertrieben, aber wer braucht schon einen Apfelschäler.«

»Fang nicht auch noch davon an.«

Wir sitzen mit Karina und ihrem Freund sowie Tante Hedwig aus Berlin am Kaffeetisch, als Tante Gundula klingelt.

»Alles Gute zum Geburtstag, Jungchen.« Sie begrüßt auch alle anderen, als wäre nie etwas gewesen. Gut so. Ich hätte mir nie verziehen, meine Lieblingstante in Depressionen zu stürzen. Tante holt ein weiß verpacktes Päckchen aus ihrer Wir-lieben-Wanne-Eickel-Tasche.

»Ich habe lange überlegt, was ich dir schenken soll, Jungchen. Ein Präsent soll den Beschenkten in Glückseligkeit versetzen und lang anhaltende Glücksgefühle bescheren. Ich habe da meine eigene Philosophie. Nun pack es schon aus.« Vorsichtig zupfe ich den Knoten aus dem blauen Band. Dann versuche ich, den tesafilm® zu lösen. Schaffe ich nicht. Bin auch Doppellinkshänder. Andrea steht mir zur Seite. Ihr gelingt es, das Papier zu entfernen.

»Ein Apfelschäler, super!« Ich werfe Karina einen fragenden Blick zu. Sie nickt. Das muss unser Geschenk an Tantchen gewesen sein, das für so viel Missmut sorgte. Sie scheint vergessen zu haben, dass wir ihr dieses Teil geschenkt haben.

»Andrea backt doch viel Apfelkuchen. Da ist so ein Apfelschäler die ideale Entlastung.« Wir nicken. Jetzt nur nichts Falsches sagen.

»Ich freue mich riesig«, höre ich mich sagen.

»Wir haben auch noch ein Geschenk für Maxilein«, sagt Tante Hedwig.

»Ich heiße Max und bin neun«, stellt unser Sohn die Dinge richtig. Ist aber auch egal. Für ein Geschenk kann man mich auch Michaellein nennen. Muss aber nicht sein. So denkt auch Max.

»Ein Feuerwehrauto. Geil«, freut er sich.

»Moment!«, ruft Tante Gundula. Wir schauen sie alle an. »Dieses Feuerwehrauto habe ich dir, Hedwig, für euren Paul mitgegeben. Es kann nicht sein, dass du es einfach weiterschenkst.«

»Paul fand es blöd. Du hättest dir mehr Gedanken machen sollen«, keift Hedwig.

»Du schenkst unseren Apfelschäler auch weiter, sogar an Michael«, ereifert sich Karina.

»Der stammt von euch? Was soll ich auch mit dem Schrott.«

Nun herrscht Schweigen. Alle starren grimmig in ihre Kaffeetassen.

»Wisst ihr was?«, sagt Andrea. »Wir sind alles erwachsene Menschen. In Zukunft schenkt keiner von uns dem anderen was. Nur noch den Kindern. Das ist das Beste.«

»Genau.« Tante Gundula triumphiert. »Ich wollte sowieso nichts. Dann habt ihr mir dieses Monstrum geschenkt.«

»Du verschenkst selbst nur Geschmacklosigkeiten«, schnattert Tante Hedwig los.

»*Ruhe!*«, schreie ich. »Keine Geschenke mehr unter uns Erwachsenen. Habt euch lieb.«

»Ich schenke nie wieder was«, erklärt Tante Gundula schnippisch. »Manche Leute können weder schenken noch Geschenke empfangen. Aber ich will nichts gesagt haben.«

Die Stimmung ist im Eimer. Nur eine Stunde später müssen alle plötzlich fahren. Schade.

Zwei Monate später hat Andrea Geburtstag. In der Post ist ein Paket. »Eigentlich wollten wir uns ja nichts schenken, aber dieser Gartenzwerg im Schalke-Trikot passt so gut auf euren Balkon, den musst ich euch einfach schenken.«

»Keine Geschenke, jaja. Und dann noch ein Schalke-Trikot«, verdrehe ich die Augen.

»Diesen Zwerg haben wir ihr zum 50. Geburtstag geschenkt, erinnerst du dich nicht?«

Ich lasse den Zwerg gleich im Paket und notiere mir im Kalender, wann ich es mit Karte zurück an Tante Gundula schicke. Spätestens in zwei Jahren hat sie vergessen, dass sie ihn mir geschenkt hat. Man braucht beim Schenken nur eine Philosophie.

Schöner Wohnen

Wir lieben unsere Wohnung nahe dem Stadtwald. Hier wecken uns die Vögel, und Rehe wünschen uns eine gute Nacht. Dennoch leben wir in der Nähe des Herzens der Stadt. Reine Idyllen gibt es aber nur bei Rosamunde Pilcher, denn Vermieter sind eine eigene Spezies Mensch, mit denen nicht immer gut Kirschen zu essen ist. Der Paranoiker Habermann ist dabei noch eine ganz eigene Kategorie. Immerhin ist unser Haus besser gesichert als Fort Knox. Doch wollen wir wirklich gegen alles abgesichert sein?

28

Ausgeschlossen

Ich wohne gern zur Miete. Mit zwei linken Händen ausgestattet, muss ich mich nicht selbst um defekte Abflüsse, undichte Fenster oder dekorative Türanstriche kümmern.

Als wir eingezogen sind, wollte der Vermieter die Behebung aller baulichen Defekte auf mich abwälzen.

»Herr Bresser, so ein durchgerostetes Abwasserrohr repariert sich von selbst. Sie gehen zum HORNBACH und besorgen das passende Rohr. Nachdem Sie das alte rausgefriemelt haben, stecken Sie das neue vorsichtig rein und befestigen das Ganze mit einem Dichtring.«

Das fand ich machbar. Ich lerne gern neue Dinge. Am nächsten Tag rief ich ihn an.

»Sagen Sie mal, Herr Habermann, zum Entfernen des alten Rohres nehme ich doch einen Presslufthammer, oder? In Werkzeugkunde bin ich noch nicht so fit.« Im Hintergrund dröhnte eine alte Motörheadscheibe. Das klingt für ungeübte Ohren wie eine Abrissbirne bei der Arbeit.

»Nein, Sie müssen sich doch nicht die Finger schmutzig machen. Ich komme sofort vorbei und kümmere mich um das Problem.« Er lernte wirklich rasch dazu.

Doch momentan kann er mir nicht weiterhelfen. Frau und Sohn sind für eine Woche ans Meer gefahren, und ich hüte die Wohnung. Leider von der falschen Seite der Eingangstür. Kaum habe ich die Tür hinter mir zugezogen, fällt mir ein, dass mein Schlüssel noch auf dem Schreibtisch liegt. Einen Ersatzschlüssel haben wir auch nirgendwo hinterlegt. Mist. Ich versuche es mit Telekinese und starre wütend auf die Tür, doch die bewegt sich nicht. Wäre auch zu schön gewesen. Wenn ich gelenkig genug wäre, würde ich mich mit Freude selbst in den Allerwertesten beißen, aber diese Fähigkeit hat mir der liebe Gott nicht in die Wiege gelegt.

In Fernsehkrimis öffnet sich die Tür, wenn Mensch mit einer Kreditkarte den Schnapper runterdrückt. Versuch macht klug. Meine EC-Karte will ich dann aber doch keinem Risiko aussetzen. Krankenkassenkarte? Ich bin eigentlich immer gesund, warum nicht. Ich zwänge die Plastikkarte durch den Türschlitz und halte zwei Teile in der Hand. Es überkommt mich das Bedürfnis, sofort einen Brief ans ZDF aufzusetzen, in dem ich mich über unrealistische Verbrauchertipps in diversen SOKO-Serien beschwere. Geht nicht, fällt mir ein, mein Rechner steht in der verschlossenen Wohnung. Ich habe keine Wahl: Ein Schlüsseldienst muss her. Im Allgemeinen haben diese Handwerker einen schlechten Ruf, aber eine zugezogene Tür zu öffnen ist kein Hexenwerk, übe ich mich in Zweckoptimismus.

Mit dem iPhone suche ich ein Unternehmen, dessen Unternehmenssitz in unserer Straße liegt. »Kein Problem«, sagt mir die nette Dame. Der Monteur fährt bereits vom Hof runter. Nach einer Viertelstunde warte ich immer noch. Ich stiefele die Treppe hinunter und schaue auf die Straße. So lange kann es doch nicht dauern. Nach einer weiteren halben Stunde rufe ich erneut in der Firma an. Ich solle mich gedulden, der Monteur wäre jede Sekunde bei mir. Diese Antwort erhalte ich auch eine Stunde später. Der Monteurwagen wäre 100 Meter von meinem Haus entfernt. Ich solle mal nicht quengeln, schließlich wäre ich nicht der Einzige, der sich ausgeschlossen hätte. Allein in Hannover hätten sie für heute 316 Aufträge zu erledigen, da müsse ich geduldiger sein. Ob ich schon einmal meditiert hätte? Okay, da hat sie recht. Ich Egoist!

Und wirklich, jetzt beschleunigen sich die Ereignisse: Nach nur einer weiteren schlappen Stunde hat der Monteur die letzten 100 Meter zurückgelegt und steht vor der Haustür. In der rechten Hand die Werkzeugtasche, in der linken den letzten Rest eines Big Macs.

»Wir haben ein Problem, was?«, stellt er lapidar fest.

»Was heißt wir? Ich habe mich ausgeschlossen, sie haben Ihren Wohnungsschlüssel noch!«

Er klopft mir beruhigend auf die Schulter.

»Ich bin übrigens der Herr Naujocks. Das kriegen wir beide schon hin. Ganz ruhig, Herr Bresser.«

Ich weiß nicht warum, aber mein Adrenalinspiegel sinkt. Ich vertraue Herrn Naujocks.

»Dann schauen wir uns das gute Stück mal an.«

Vor unserer Tür legt sich sein Gesicht in Falten. Gedankenverloren verspeist er den Rest des Hamburgers.

»Uijuijuijuijui, das sieht nicht gut aus, gar nicht gut.«

Er hält mir ein Papier auf einem Klemmbrett unter die Nase.

»Unterschreiben Sie erst mal den Auftrag, dann kann ich mir weitere Gedanken machen.«

»Die Tür ist nur zugezogen. Das kann doch nicht so wild sein.«

Wie in Trance unterschreibe ich, ohne den Wisch zu lesen.

»Sehen Sie hier.« Er zeigt auf einen mikroskopisch kleinen Kratzer auf dem Türblatt. »Das Schloss muss leider gewechselt werden, alles andere würde größere Schäden verursachen.«

»Nur zugezogen. Wirklich nur zugezogen«, wiederhole ich.

»Bin ich der Fachmann oder Sie?« Naujocks stupst mich mit dem Zeigefinger vor die Brust. »Ich lerne gern von Experten. Aber wenn Sie so gut sind, hätten Sie mich nicht anzurufen brauchen, oder sehe ich das falsch? Spaß beiseite, sie müssen mir vertrauen.«

Er bohrt, er schraubt, er setzt ein neues Schloss ein und drückt mir drei Schlüssel in die Hand. Dafür braucht er keine fünf Minuten.

»Aber nicht wieder in der Butze vergessen«, mahnt er grinsend. »Jetzt kommen wir zum weniger angenehmen Teil, der Rechnung. Einen kleinen Moment bitte.«

Er zaubert ein Formular und einen Taschenrechner aus der Tasche, addiert, multipliziert, schreibt kleine Ziffern, addiert wieder und stöhnt. Nach einer halben Stunde überreicht er mir seine Ausarbeitung.

»480 Euro?«

Herr Naujocks klopft mir auf die Schulter. »Weil ich Sie mag, habe ich noch zehn Prozent Rabatt gegeben. Zufriedene Kunden sind mein liebster Lohn.«

»Sie waren doch sofort fertig. Das kann doch keine 500 Euro kosten.«

»480, keine 500. Soll ich Ihnen die Rechnung erläutern?«

»Bitte!«

»Ein Schlüsseldienst braucht einen Wagen. Fahrzeugpauschale 80 Euro. Dann muss ich den Wagen beladen. Rüstzeitpauschale von 100 Euro.«

»Womit beladen?«

»Nun werden Sie nicht komisch.« Naujocks wirkt zum ersten Mal verschnupft. »Ich hätte auch ohne Werkzeug kommen können. Hätte Ihnen das geholfen? Also. Ich musste zu Ihnen fahren. 200 Euro.«

»Ihre Firma sitzt doch in meiner Straße. Wie kann das so viel kosten?«

Naujocks verdreht die Augen.

»Da sitzt nur unsere Telefonistin. Ich hatte vorher einen Einsatz in Salzwedel, reizendes Städtchen, aber zwei Stunden entfernt. Für die Arbeitszeit muss ich Ihnen 133,33 berechnen. Abzüglich zehn Prozent kommen wir mit 480 ins Geschäft. Könnte ich Ihnen noch weiter aufdröseln, aber ich will Sie nicht langweilen.«

Ich bin nicht leicht aus der Ruhe zu bringen, aber jetzt werde ich wirklich wütend.

»Das ist purer Wucher! Ihre komische Rechnung hat vor keinem Gericht der Welt Bestand.«

»Das finde ich nicht fair. Ich helfe Ihnen in höchster Not und jetzt machen Sie mich so runter. Ich habe Gefühle.«

So plötzlich wie er gekommen ist, verraucht mein Ärger. Vor allem, als Gerd, er bietet mir das Du an, von seinen sechs Kindern, der Pleite mit der Reinigung und den dementen Eltern im Seniorenheim erzählt. Ich kann auch mit Kreditkarte zahlen. Da

Gerd für einen Hungerlohn arbeitet und sein Chef das ganze Geld einstreicht, gebe ich ihm 50 Euro Trinkgeld. Bin doch kein Unmensch. Beim Abschied verabreden wir uns auf ein Bierchen, und ich winke ihm nach. Was für ein toller Mensch.

Am nächsten Tag schreibe ich im Café. Während ich mit der rechten Hand den Kaffeepott zum Mund führe, spielt die linke mit dem Schlüsselbund. Mich durchzuckt ein Schreck. Wo sind die losen Schlüssel vom neuen Türschloss? Ich Idiot! Wenn es für Dämlichkeit einen Nobelpreis geben würde, wäre ich der unangefochtene Favorit. Doch dann wird mir ganz warm ums Herz. Vielleicht sehe ich meinen Kumpel Gerd wieder.

29

Alarm mit Habermann

Unser Vermieter Herr Habermann liebt die Sicherheit. Damit wir nicht geklaut werden, hat er eine Alarmanlage installiert, die uns gegen Vandalismus, Glasbruch und Beelzebub persönlich schützt. Es reicht, wenn die Haustür länger als drei Minuten offen steht oder eine Einkaufstüte zu Boden fällt. Dann schrillt eine Sirene lauter als eine Death-Metal-Combo. Ich halte mir die Ohren zu, rase in unsere Wohnung im zweiten Stock, setze mir einen von Herrn Habermann zur Verfügung gestellten Ohrenschützer auf, renne zurück in den Keller und schalte die Anlage aus. Dies ist mir in diesem Monat bisher fünfmal passiert. Ein Einbrecher könnte gar nicht in unser Haus eindringen, weil dauernd Mieter durchs Treppenhaus hetzen, um die Alarmanlage zu entschärfen. Da würden ungebetene Gäste auffallen.

Leider gibt es für unsere Wohnung auch eine Anlage, die ähnlich empfindlich ist. Max rutscht im Flur aus, der Alarm dröhnt als würden die Entenhausener Panzerknacker zur Attacke blasen.

»Was habe ich gemacht?«, fragt der Kleine erstaunt.

»Nichts, ich stelle diese verdammte Anlage jetzt aus. ›Verdammt‹ sagt man nicht«, brülle ich.

Abends begegne ich Herrn Habermann im Treppenhaus.

»Herr Bresser, gut, dass ich sie erwische. Mir ist da was aufgefallen. Als ich unten im Keller an meiner Monitorwand saß, stellte ich fest, dass Sie den Alarm ausgeschaltet haben. Kann man ja vergessen. Ich habe ihn sofort wieder scharfgemacht. Es soll Ihnen nichts passieren.« Er klopft mir beruhigend auf die Schulter.

»Herr Habermann, mein Urgroßvater Arnold Breskowski fuhr in der ersten Hälfte des 20. Jahrhunderts auf dem Trittbrett eines Zuges von Warschau ins Ruhrgebiet, um dort in einer Zeche zu arbeiten. Später baute er in Kirchhellen ein Haus. Dort lebt heute noch meine Mutter. In den ganzen gut 70 Jahren seiner Existenz hat in diesem Haus niemand eingebrochen. Ohne Alarmanlage.«

Habermann lauscht meiner Geschichte mit aufgerissenen Augen.

»Faszinierend, aber das Haus liegt in einem Dorf. Wir leben in einer Großstadt. Da muss man sich ganz anders schützen. Ich hätte noch einen besonderen Service des Alarmanlagenherstellers anzubieten. Wenn Sie mir Ihre Mobilnummer anvertrauen, werden Sie auch im Urlaub darüber informiert, wenn der Alarm anschlägt, selbst auf den Malediven.«

»Nein, ich will es nicht wissen. Außerdem fahren wir nicht auf die Malediven.«

»Aber beschweren Sie sich hinterher nicht, ich hätte es Ihnen nicht angeboten.« Habermann ist beleidigt. Ich sage ihm lieber nicht, dass ich diesen Alarm am liebsten für immer ausschalten würde.

Eine Woche später. Ich komme nachmittags aus der Stadt, wo ich in Charlies Eck am aktuellen Roman geschrieben habe. Andrea und Max sind noch außer Haus. Ich räume in der Küche die Kaffeetassen vom Frühstück in die Spülmaschine. Im Radio spielt Lang Lang Chopin. Meine Stimmung ist gut, ich bin im Flow, da klingelt es. Hat Andrea den Schlüssel vergessen? Ich öffne die Wohnungstür. Herr Habermann stürzt in die Wohnung, zieht sie hinter sich zu und baut sich vor mir auf. Hat er überhaupt gefragt, ob er reinkommen darf? Ich erinnere mich nicht.

»Ha«, sagt er. Auf eine Begrüßung verzichtet er.

»Ha was?«, frage ich.

»Ist Ihnen nichts aufgefallen?«

Der Mann spricht in Rätseln. Vielleicht sollte ich ihn an Günther Jauch weiterempfehlen. Ist Ihnen nichts aufgefallen? Antwort A: »Nein.« Antwort B: »Ja.« Antwort C: »Das Bild im Wohnzimmer hängt schief.« Antwort D: »Durch das Gesetz der Schwerkraft fällt nichts auf, nur hinunter.« Eine 64.000-Euro-Frage.

»Antwort D, äh, mir ist nichts aufgefallen.«

»Ihm ist nichts aufgefallen. Wunderbar. Haben Sie denn Ihren Anrufbeantworter noch nicht abgehört?«

»Bin ich noch nicht zu gekommen.« Was will denn der Kerl von mir.

»Wissen Sie wenigstens, wo Ihre Frau ist?«

»Einkaufen? Um was geht es denn?«

»Also Sie haben noch nicht mit der Polizei gesprochen. Hätte ich mir bei jemandem wie Ihnen denken können.«

Plötzlich fährt mir ein kalter Schauer die Wirbelsäule hinunter.

»Ist meiner Frau was passiert?«

Andere Sorgen hat er nicht? Da fragt er mich im Ernst, ob seiner Frau was passiert sei. Ha.

»Ha.«

Ich mag es nicht, wenn jemand von mir in meiner Anwesenheit in der dritten Person spricht. Da bin ich empfindlich.

»Äffen Sie mich nicht nach. Bei Ihnen wurde eingebrochen. Ich habe heute Morgen das Treppenhaus inspiziert, da stand Ihre Wohnungstür sperrangelweit offen. Ich habe natürlich sofort die Polizei gerufen. Wir haben gemeinsam den Tatort inspiziert und Spuren gesichert.«

Ich weiß nicht, was er will. Die Wohnung sieht nicht anders aus als heute früh. Habe ich die Tür nicht hinter mir zugezogen?

»Besonders dreist fanden wir, dass die Einbrecher in Ihrer Küche Kaffee getrunken haben. Als Sie mich hörten, sind Sie rasch geflüchtet, denn die Maschine war noch eingeschaltet.«

»Hören Sie, Herr Habermann, ich habe vielleicht vergessen, die Tür zu schließen. Das hätten Sie vielleicht übernehmen und mir eine Notiz in den Briefkasten schmeißen können. Es war völlig unnötig, die Polizei zu rufen.«

Habermann läuft knallrot an.

»Ich biete Ihnen Sicherheit vom Feinsten und Sie gefährden alles. Da hätte sich doch ein pakistanischer Bombenleger bei Ihnen einnisten können, und Sie hätten nichts gemerkt. Da lässt der feine Herr einfach die Tür offen stehen.«

»Kann doch passieren. Das Thema hat sich für mich erledigt.«

»Ha, aber für mich noch lange nicht. Wie ich Sie kenne, haben Sie auch den Fußboden des Treppenhauses mit Farbe beschmiert. Wischen Sie die gefälligst weg.« Er schnappatmet jetzt.

»Ihre Maler arbeiten doch hier. Die Farbe stammt bestimmt von denen.«

»Immer will es keiner gewesen sein. Das ist ganz schlechter Stil, Herr Bresser.«

In diesem Augenblick öffnet sich die Tür. Von ganz allein. Wir beide bestaunen dieses paranormale Phänomen.

»Ihr Maler hat doch auch an den Türrahmen gearbeitet. Vielleicht schließt sie deshalb nicht richtig?«, mutmaße ich.

»Muss ich prüfen. Nichts für ungut.« Habermann verschwindet, ohne ein weiteres Wort zu verlieren. Ich fühle mich als moralischer Sieger.

Am nächsten Tag besucht uns der Maler und richtet die Tür wieder. Anschließend stellt er eine Sphinxbüste ins Treppenhaus. Mit integrierter Lichtschranke. Sobald jemand sich unserer Tür nähert, singt sie *Walk like an Egyptian*. Somit ist Herr Habermann immer über Eindringlinge informiert. Wir überlegen ernsthaft, in eine weniger sichere Wohnung umzuziehen.

30

Saddams Vater

Wir wohnen in einer Altbauwohnung mit hohen Decken. Im Winter wird es nicht kalt, im Sommer nie zu heiß. Unsere Mitbewohner sind ruhige, sympathische Zeitgenossen. Diese Eigenschaft wird jenseits der 30 immer wichtiger, aber wir erinnern uns gern an die wilden Zeiten. Daher freut es uns, als junge Leute mit bunten Irokesenfrisuren in die obere Wohnung ziehen. Jan arbeitet in einem alternativen Fahrradgeschäft, Heike betreibt ein schnuckeliges Bio-Café in der Südstadt. Als Einzugsgeschenk bringen sie uns Carrot Cake und Blaubeermuffins vorbei. Sie umarmen uns herzlich, wir fühlen sofort eine liebevolle Verbundenheit.

»Wir hören übrigens gern laut Musik. Das stört euch doch nicht?« Ich klopfe ihnen begeistert auf die Schulter.

»Wir doch auch. Die alten Hardcoretruppen aus den 90ern oder Trash Metal. Da rennt ihr bei uns offene Türen ein.«

»Dann ist ja gut.« Jan strahlt. »In unserer alten Bude waren die immer zickig, und dabei gilt gerade Linden als weltoffen. Bullshit!«

»Wir haben unsere neue Heimat gefunden«, lacht Heike.

Auch unser Vermieter ist begeistert.

»Die sehen wild aus, sind aber herzensgute Menschen. Meine Frau Mama hat die jungen Leutchen gleich ins Herz geschlossen. Bitte seien Sie tolerant.« Und das aus dem Mund des Chefparanoikers. Aber ausnahmsweise sind wir einer Meinung.

Zwei Tage später werden wir nachts um ein Uhr von Blasmusik geweckt. *In München steht ein Hofbräuhaus.* Der Lärm dringt aus der Wohnung über uns.

»Es ist laut.« Meine Liebste boxt mich in die Seite.

»Scheint so«, murmele ich schlaftrunken.

»Geh doch mal hoch und sag ihnen, dass sie die Musik leiser machen möchten.«

»Ich spreche morgen mit Jan«, murmele ich.

»Davon wird es jetzt auch nicht ruhiger. Morgen vergisst du es wieder.«

»Na gut, ich rede mit ihnen«, stöhne ich.

Ich krauche aus dem Bett, schlüpfe in Jeans und T-Shirt und tappe nach oben.

»Moin«, sage ich, als mir Heike nach dem fünften Klingeln öffnet.

»Schön, dass du da bist.« Heike umarmt mich. Sie trägt ein Dirndl, stelle ich befremdet fest. »Wir feiern gerade. Trink doch eine Maß mit uns.«

Bevor ich etwas erwidern kann, prescht sie voran in die Wohnung.

»Schaut mal, wen ich mitgebracht habe. Ist das geil«, brüllt sie gegen Toni Marschall an. Ich wandere hinter ihr her. Im Wohnzimmer treffen wir auf Jan und noch zwei Pärchen mit exotischen Frisuren. Gekleidet sind alle in bayrische Trachten, wenn ich das richtig beurteile.

»Leck mich fett, der Michael«, brüllt Jan. »Hock dich hin, ich zapf dir ein frisches Bier. Das sind Rektum und Pimmel, Garfield und Catwoman.«

»Geht leider nicht, muss morgen früh raus. Meine Frau muss auch schlafen. Könnt ihr die Musik etwas leiser drehen?«, bitte ich.

Jan dämpft wirklich die Musik. Finde ich nett.

»Ich habe dich akustisch nicht verstanden. Was hast du gesagt?«

»Es wäre schön, wenn ihr etwas ruhiger feiern könntet. Andrea und ich müssen morgen früh raus.«

»Nein.«

Einer der Männer, ich glaube Pimmel, haut entrüstet mit der Hand auf die Tischplatte.

»Ey, was bist denn du für 'n Spießer.«

»Nun, wir arbeiten und brauchen nachts unseren Schlaf«, entschuldige ich mich.

»Mein lieber Michael, laut deutschem Grundgesetz hat ein jeder Deutscher das Recht auf freie Entfaltung seiner Persönlichkeit. Dieses nehmen wir wahr. Als eingetragener Niedersächsischer Verein zur Pflege des bayrischen Kulturguts und deutschen Schlagers sehen wir uns auch als schützenswerte Minderheit, die rigoros gegen Diskriminierungen vorgeht.«

Was will er von mir? Ich bin tolerant und betrachte ihn im Geist als Bruder.

»Ich will euch nicht diskriminieren, jeder nach seiner Fasson. Ich möchte nur etwas schlafen. Dann kann sich meine Persönlichkeit am besten entfalten.«

»Du bist gleichgültig gegenüber deiner Umwelt. Immer nur ich, ich, ich. Egoisten wie du ermöglichen Monster wie Hitler und Saddam. Du versteckst dich hinter einem vordergründigen Liberalismus, doch hinter der Maske verbirgt sich übelster Faschismus. Arschlöcher wie du sind die Väter von Verbrechern wie Stalin und Saddam.«

»Genau.« Catwoman zeigt mir den Mittelfinger. »Du bist ein Fascho. Nur wegen dir hat Honecker die DDR gegründet.«

»Und deine Frau ist auch die letzte Spießerbraut. Die traut sich noch nicht mal hoch«, keift Heike.

Rektum singt und tanzt zu *Resi, i hol di mit mei Traktor ab.* Sie zeigt sich von der Faschismusdebatte unbeeindruckt.

»Ich möchte nur ein wenig Ruhe in der Nacht, ansonsten könnt ihr machen, was ihr wollt.«

Demonstrativ dreht Jan die Musik wieder laut. Dann dreht er sich um, zieht die Hose herunter und zeigt mir seinen nackten Hintern.

»Meine Eltern haben vor 30 Jahren bei den Chaostagen Steine auf Penner wie dich geschmissen. Mir täte es um den Stein leid.«

»Lassen sie uns schlafen?«, fragt meine Liebste, als ich wieder ins Bett steige.

»Nein.«

»Irgendwie war es vor Jan und Heikes Einzug schöner, oder?«

»Seltsam, das hat mir Jan auch als Letztes nachgebrüllt.«

31

Die Rückkehr des Mopeds

Nach dem Abendessen und Kind-ins-Bett-Bringen bereiten wir uns auf einen gemütlichen Fernsehabend vor. Es klingelt.

»Ha.« Ohne weitere Begrüßung stürmt Vermieter Habermann in unseren Flur.

»Ebenso ha«, bemühe ich mich um Freundlichkeit.

»Ich sage es Ihnen ein für alle Mal. Ich will Ihre Schrottkiste nicht in der Fahrradgarage sehen. Als Vermieter möchte ich mich an einem aparten Erscheinungsbild erfreuen. Ihr Abfall gehört nicht dazu.«

Ich schaue Andrea ratlos an.

»Da brauchen Sie auch nicht unschuldig zu Ihrer zu Frau blicken. Sie wissen genau, was ich meine.«

»Sie sprechen in Rätseln«, sagt Andrea.

»Mir können Sie nicht erzählen, dass Ihnen dieses verrostete Moped nicht gehört. Ich kenne meine Pappenheimer.«

Ich spüre, wie meine Halsschlagader pulsiert. Auch Habermanns Schnäuzer vibriert vor Wut. Alle Zeichen stehen auf Eskalation.

»Keiner von uns fährt Moped. Wie kommen Sie darauf, dass es unseres ist?«

Habermann lacht dreckig.

»Weil Sie immer alle Schuld von sich weisen. Ich erinnere mich noch an den überquellenden Briefkasten. Auch nicht Ihre Schuld.«

»Wir waren für 14 Tage an der Ostsee, deshalb konnten wir ihn nicht entleeren«, bemerkt Andrea.

»Immer eine Ausrede, sage ich doch«, steigert sich Habermanns Lautstärke. »Ich habe dieses Schrottteil auf die Straße gestellt. Ich gebe Ihnen eine Woche Zeit, es zu entsorgen, sonst ziehe ich andere Seiten auf. Guten Tag!«

Unsere Wohnungstür fliegt mit Radau ins Schloss.

»Habermann ist komplett verrückt geworden. Soll der sehen, wie er seine Rostlaube entsorgt«, schnaube ich.

»Wir sind schließlich nicht an allem schuld«, pflichtet mir Andrea bei.

Am nächsten Tag kommt Max gegen Mittag nach Hause und begrüßt mich. Schon seltsam, sonst zieht er das iPad seinem Stiefvater vor, zumindest um diese Uhrzeit.

»Herr Habermann hat mich gefragt, wann du endlich dein Moped vom Bürgersteig entfernst, sonst müsste er rechtliche Schritte gegen uns einleiten. Was meint er damit?«

»Nichts, Max. Er redet nur manchmal wirr.«

Abends beratschlage ich mich mit Andrea. »Bring es doch weg, um des lieben Friedens willen«, schlägt meine Liebste vor.

»Das sieht er doch als Schuldeingeständnis an. Was stört uns dieses Zweirad?«

»Aber wenn er schon Max anquatscht … Der Klügere gibt nach.«

In diesem Fall bin ich lieber der Dümmere, aber Andrea zuliebe gebe ich nach. Am nächsten Tag schaue ich mir das Streitobjekt an. Ich muss zugeben, dass ich ein Moped nicht von dem anderen unterscheiden kann. Aber so alt und marode wie Habermann vorgibt, ist es nun wirklich nicht. Ich selbst habe keine Ahnung, wie man so einen Hobel fährt, aber mein Kumpel Joe. Der zeigt sich ganz begeistert, als er das Zweirad besichtigt.

»Eine Simson Schwalbe, ein richtiges Schätzchen. Ich habe schon lange überlegt, mir wieder ein Moped zuzulegen. Und es kostet nichts?«

»Nein, es soll auf den Abfall. Du müsstest es allerdings kurzschließen, weil der Schlüssel verloren gegangen ist.«

Joe schaut zunächst sparsam, doch dann sagt er, das sei kein Problem. Ein neues Schloss sei eine erschwingliche Investition.

Eine Stunde später fährt er mit der Schwalbe heimwärts.

»Na, endlich. Also war es doch Ihr Moped.« Habermann blickt Joe triumphierend hinterher. »Dass mir so was nicht noch einmal vorkommt.«

Ich lasse ihn stehen, ohne ein Wort zu verlieren.

»Das Moped ist bei Joe, das sehen wir so schnell nicht wieder«, berichte ich Andrea. »Das wird Habermann beruhigen.«

Zwei Tage später klingelt es an der Wohnungstür. Unser Mitmieter aus dem Erdgeschoss René in Begleitung von zwei Polizisten.

»Krupke, Kripo Hannover. Mein Kollege heißt Dahlhoff. Sie stehen in Verdacht, das Moped von Herrn Maibaum aus der Fahrradgarage entwendet und verkauft zu haben.«

»Verschenkt, nicht verkauft«, stammele ich hilflos. »Ich wusste nicht, dass es dir gehört, René.«

Mein Nachbar mustert mich abfällig. »Das hätte ich nie von dir gedacht, Michael. Ich wollte es nicht glauben, als Herr Huszika erzählte, dass er dich beim Diebstahl gesehen hat. Pfui!«

»Ich habe es nur auf Anordnung unseres Vermieters entsorgt. Glaub mir …«

»Was für ein Quatsch.«

»Wo befindet sich das Moped jetzt?«, fragt Dahlhoff. »Ihnen ist klar, dass Sie ernste Konsequenzen erwarten.«

In diesem Moment schleicht Herr Habermann durchs Treppenhaus an unserer Wohnung vorbei.

»Dieser Mann kann meine Geschichte bestätigen. Ich habe doch nur in Ihrem Auftrag die Schwalbe verschenkt.«

Habermann zuckt zusammen.

»Ich habe Herrn Bresser nur gebeten, dass Zweirad einmal zu bewegen, damit es nicht ganz einrostet. Ein Missverständnis.«

Ich rufe Joe an. Der verspricht, das Moped wieder zurückzubringen. Die Flüche und Mutmaßungen über meinen geistigen Zustand überhöre ich. René verzichtet netterweise auf eine Anzeige, wenn nur seine »Luzie« wieder nach Hause kommt. Alles löst sich in Wohlgefallen auf.

Als René und die Polizisten uns verlassen haben, schaut Habermann mich finster an. »Diesmal sind Sie noch davongekommen. Aber die rostige Schubkarre in der Garage muss weg. Sie haben zwei Tage.«

Wir überlegen lange und kommen zu dem Schluss: Wir besitzen gar keine Schubkarre. Trotzdem werden wir uns darum kümmern. Wir lieben Frieden.

32

Unsere neue Wohnung – Der Voodootempel

Es gibt Menschen, und es gibt Vermieter. Selten ist Vermieter Mensch. Umgekehrt sind Menschen selten Vermieter. So kommt es mir zumindest vor. Wer Wohnraum für Geld anbietet, entwickelt sich zu einem paranoiden Stasi-Schnüffler.

»Übertreibst du nicht etwas?«, fragt meine Liebste, während unser Vermieter Herr Habermann mit der Digitalkamera um den Hals und einem Kännchen in der Hand durch unsere Räumlichkeiten geistert, um die Fenster zu ölen.

»Warum will er sonst Fenster ölen und knipst dabei andauernd Fotos?«

»Deine Mutter hat auch die obere Etage in deinem Elternhaus vermietet. Die ist doch nett.«

»Meine Mutter ist der liebenswerteste Mensch der Welt. Sie wurde durch die Umständen gezwungen, die Wohnung zu vermieten. Allein hätte sie die Kosten nicht finanzieren können.«

»So, das hätten wir.« Herr Habermann betritt die Küche. »Ihre Wohnung ist für den Sommer fit. Nächst Woche komme ich wieder, um die Fenster auszumessen, bis dahin haben Sie hoffentlich etwas aufgeräumt. Das ist kein Haus für Hempels.«

»Mhm nee, Vermieter sind nette Menschen. Du hast recht«, sage ich, nachdem Habermann uns verlassen hat.

»Vielleicht sollten wir uns doch etwas Neues suchen«, seufzt Andrea. »Langsam wird er wirklich anstrengend.«

Diese Chance muss ich nutzen. »Ich kümmere mich um eine neue Wohnung.«

»Sie sollte nicht zu weit entfernt sein. Ein Garten wäre nett – und ein angenehmer Vermieter. Ansonsten hast du freie Hand.«

Besser kann es nicht laufen. Die Zeiten, in denen Habermann den Container nach von mir falsch getrenntem Müll durchsucht, gehören bald der Vergangenheit an. Ich schreibe unsere Wohnungskündigung und lege sie Andrea hin. Sie soll sie in den Briefkasten schmeißen.

Am nächsten Wochenende finde ich eine Anzeige in der Zeitung, die vielversprechend klingt. Das Haus liegt nur eine Parallelstraße entfernt, die Wohnung ist größer und günstiger. Gibt es da etwa einen Pferdefuß? Andrea sagt, ich solle mal positiv denken. Alles wird sich fügen. Sie hat recht. Manchmal spinne ich im Kopf völlig unbegründet Horrorszenarien aus. Hinterher entwickelt sich alles gut, und das Kopfkino hat mir völlig umsonst manch schlaflose Nacht gekostet.

Ich rufe den Eigentümer Herrn Ahrens an. Der erweist sich als sehr freundlich und lädt mich zu einer Besichtigung in einer Stunde ein. Das geht rasch, wundere ich mich.

»Nur der frühe Vogel fängt den Wurm. Wenn Sie nicht sofort können, ist diese wunderbare Wohnung wahrscheinlich schon vermietet. Die Interessenten stehen Schlange.«

Ein Argument, das zählt. Ich frage Andrea und Max, ob sie mitkommen möchten.

»Schau dir die Wohnung erst einmal allein an. Sollte sie infrage kommen, sehen wir sie uns gemeinsam an.«

Das Vertrauen meiner Familie ehrt mich. Euphorisch wandere ich die wenigen 100 Meter bis zur Walderseestraße, singe *Sweet home, Norddeutschland* und klatsche in die Hände. Passanten schütteln missbilligend den Kopf. Egal, ich besorge uns eine neue Wohnung. Das Dreifamilienhaus mit großzügigem Garten gefällt mir auf den ersten Blick. Hier würde ich gern leben. Ein älterer Herr tritt aus dem Haus.

»Herr Bresser? Ich bin Gernot Ahrens. Wir hatten telefoniert.«

»Gefällt mir gut. Ich bin gespannt, wie die Wohnung aussieht.«

»Fantastisch. Sie werden sich sofort verlieben, versprochen!«

»Wohnen Sie auch hier?«

Ahrens lacht. »Keine Sorge! Als pensionierter Studienrat habe ich kaum Zeit, meine Mieter zu nerven. Wenn Sie allerdings ein Anliegen haben, werde ich sofort aktiv, versprochen!«

Er verspricht zwar viel, wirkt aber auch wie ein Mann, der seine Zusagen einhält. Ich bin begeistert. Die Wohnung verzückt mich noch mehr. 150 Quadratmeter mit Whirlpool für 500 Euro warm. Mich wundert es nur ein wenig, dass alles noch möbliert ist.

»Sagten Sie nicht, die Wohnung sei sofort bezugsfähig?«

»Ist sie auch. Die bisherige Mieterin zieht nächstes Wochenende aus. Kein Problem!«

»Die Wohnung ist großartig, nur diese samtrotfarbenen Tapeten finde ich etwas gewöhnungsbedürftig.«

»Kein Problem.« Ahrend legt mir beruhigend die Hand auf die Schulter. »Alles wird nach Ihren Wünschen hergerichtet. Versprochen. Was mögen Sie? Weiß, blau, orange? Ich erfülle jeden Wunsch.«

Dieser Ahrens ist ein Mann nach meinem Geschmack.

»Weiß wäre gut.«

»Okay, ich habe bereits einen Vertrag ausgedruckt. Wenn Sie hier unterschreiben würden.« Er hat mehrere Zettel aus seiner Aktentasche geholt und hält sie mir vor die Nase. Das geht mir jetzt ein bisschen zu schnell.

»Wir haben unsere alte Wohnung noch nicht gekündigt. Und die Kaution können wir uns momentan auch nicht leisten.«

»Herr Bresser, kein Ding. Kaution ist gestrichen. Sie zahlen erst Miete, wenn es für Sie passt.«

»Das klingt alles super. Aber das möchte ich zuerst mit meiner Frau durchsprechen.«

»Wenn Sie lange überlegen, ist die Wohnung weg, und Ihre Frau wird sie auch lieben. Stellen Sie sich vor, wie Sie nach einem anstrengenden Tag im Whirlpool entspannen. Ein unvergleichliches Erlebnis.«

Das stimmt. Von einer Wohnung mit Whirlpool habe ich immer geträumt.

»Okay, ich unterschreibe.«

»Sie werden es nicht bereuen.«

In diesem Augenblick dreht sich ein Schlüssel im Türschloss.

»Was machen Sie denn hier? Und wer ist dieser Hampelmann?« Eine junge Frau in rotem Abendkleid durchbohrt uns mit bösen Blicken.

»Ihr Nachmieter. Wollen Sie freiwillig raus, oder muss ich Sie wirklich zwangsräumen lassen?«

»Möchten Sie die Mietsituation nicht klären, bevor Sie die Wohnung weitervermieten?«, frage ich Ahrens.

»Du kommst nicht von hier«, zeigt die Frau auf mich. »Woher kommst du?«

»Herr Bresser freut sich, die Wohnung mit seiner Familie zu bewohnen«, erklärt Ahrens. »Er ist ein angesehener Autor. Die Zeiten ihres Amüsierbetriebes sind vorbei, Frau Love.«

»Michael Bresser. Ich wusste, dass ich deine hässliche Visage aus der Zeitung kenne.« Frau Love baut sich vor mir auf. »Du kommst aus Westfalen, nicht wahr? Ich schwöre, dass in meiner Wohnung niemals verdammte Westfalen leben werden.«

»Bitte, Frau Love«, stöhnt Ahrens.

Sie murmelt unverständliche Worte in meine Richtung und fuchtelt mit den Händen wie ein Walldorfschüler beim Ausdruckstanz.

»Voodoo«, erklärt sie. »Du bist verflucht. Setze nie wieder einen Fuß in meine Wohnung, sonst wird dir Schlimmes widerfahren.«

»Herr Bresser hat soeben den Vertrag unterschrieben.« Ahrens feixt. »Lassen Sie ihre Mätzchen. Damit können Sie Ihre Freier beeindrucken, sonst niemanden. In einem Monat wohnt Familie Bresser in dieser Wohnung.«

»Niemals«, zischt Frau Love.

Ich bin mir da auch nicht so sicher.

»Sie haben den Vertrag unterschrieben«, beharrt Ahrens.

Am Abend verkünde ich Andrea die freudige Nachricht. Von Frau Love erzähle ich nichts.

»Prima! Ich schicke die Kündigung für Habermann morgen ab.« Meine Liebste freut sich.

Vielleicht sehe ich auch wieder völlig grundlos schwarz. Als aufgeklärter Mensch weiß ich, dass es Voodoo nur in schlechten Filmen gibt. Sicherlich ist es auch nur Zufall, dass am Abend drei Raben hintereinander vor das Fenster meines Arbeitszimmers fliegen.

33

Unsere neue Wohnung 2 –
Ich kenne keine Katzenberge

Es behagt mir überhaupt nicht, dass in unserer neuen Traumwohnung noch eine Frau namens Luna Love wohnt. Ich habe mich über die Dame erkundigt. Sie bietet erotische Dienstleistungen, Hellseherei und Hexenrituale an. In einschlägigen Internetforen schwören die Leute auf ihre Fähigkeiten. Konkurrenten um den Traumjob und Geliebte des Mannes sind auf unerklärliche Weise verstorben. Ich bin nicht abergläubisch, aber zumindest beeindruckt. Hoffentlich setzt unser neuer Vermieter Ahrens sie vor die Tür und wir hören nie wieder von der Dame.

Um zwölf kommt Max von der Schule. Er drückt sich hinter mir herum, als würde ihm etwas auf der Seele brennen.

»Ist was, Max?«, frage ich schließlich.

»Was machst du eigentlich beruflich, Michael?«

»Autor. Das weißt du doch.«

»Da haben mir die Männer aber anderes erzählt.«

»Welche Männer?«

»Die ich auf dem Nachhauseweg getroffen habe. Die sagten, du wärest ein Zuhälter und Drogendealer.«

»Bitte?« Ich bin entsetzt.

»Was ist ein Zuhälter, Michael?«

Wie erkläre ich es einem Neunjährigen? Andrea kommt hinzu. Auch sie schaut mich erwartungsvoll an.

»Ein Zuhälter betreibt oft Lokale im Rotlichtviertel«, sage ich schließlich.

»Und was ist ein Rotlichtviertel?«

»Das ist eine Gegend, wo ganz viel rote Lichter brennen. Da wird gefeiert«, kommt mir Andrea zuvor.

»Da habe ich von gehört. Der Teufel soll da tanzen.«

»Wenn die Leute viel Alkohol getrunken haben, prügeln sie sich.«

»Und, Michael, gehören dir Lokale im Rotlichtviertel?«

»Nein«, sage ich entrüstet.

»Schade.« Max' Wissensdurst ist gestillt und er widmet sich der Bowlingbahn in seinem Zimmer.

»Seltsam, wie kommen die Leute dazu, so was über dich zu erzählen?«, sinniert Andrea. Ich zucke die Achseln, aber ich kann mir schon denken, wer diese Typen geschickt hat.

Ich will mich gerade hinlegen, als Andrea mit dem Telefon ins Schlafzimmer gestürzt kommt.

»Dein Verleger. Er klingt ziemlich wütend.«

Heute kommt aber auch alles zusammen.

»Was gibt es, Klaus?«

»Mir sind Fotos zugespielt worden.«

»Ja, und?«

Andrea steht noch immer im Raum und hört mit.

»Hast du was mit der Katzenberger?«

»Mit welcher Katzenberger?«

»Dieser blonden Hohlbirne, die auf VOX eine eigene Sendung hat.«

»Kenn ich nicht.«

»Schade, für deine Buchverkäufe wäre es gut, wenn ihr zusammen wäret. Das könnte ich an die BILD-Zeitung weitergeben.«

»Ich bin verheiratet, Klaus.«

»Eben, das macht es umso reizvoller.«

Ich lege auf.

»Ich brauche einen neuen Verleger. Der will mich mit einer Katzenberger verbandeln und in die Zeitung bringen.«

»Michael, was ist hier los? Erst die Geschichte mit der Zuhälterei und jetzt hast du angeblich eine Geliebte?«

»Habe ich nicht. Weiß auch nicht, wie Klaus auf so was kommt. Ich verbringe den halben Tag mit euch, wie soll ich da eine Geliebte haben?«

»Ach, und was machst du am Rest des Tages?«

»Lesungen. Treffen mit Kollegen. Das weißt du doch.«

»Wirklich? Mir kommt das alles ziemlich seltsam vor. Da glaubt man, einen Menschen zu kennen …«

»Du kennst mich doch«, widerspreche ich.

»Denk darüber nach, ob du mir was sagen willst.«

Mit diesen Worten rauscht Andrea in ihr Arbeitszimmer ab.

Mir wird das alles zu bunt. Ich rufe Luna Love an. Die Nummer steht auf ihrer Homepage.

»Lassen Sie mich und meine Familie in Ruhe«, brülle ich in die Muschel.

»Ach, der Westfale. Leg dich nie mit einer Voodoopriesterin an. Du wirst niemals in meiner Wohnung leben, niemals!« Sie legt auf.

Es klingelt an der Tür. Davor steht ein korpulenter Mann, der aus den Achseln trieft.

»Wohnt hier Sexy Andrea? Ich habe die Adresse von Luna. Ich komme zum Schäferstündchen.«

»Was ist ein Schäferstündchen?«, fragt Max.

»Wenn der Schäfer eine Pause macht, ruht er eine Stunde aus. Ein Schäferstündchen«, stottere ich verlegen.

Andrea schiebt den Mann aus der Tür.

»Ich erwarte jetzt eine Erklärung, Michael. Was soll das alles?«

Ich erzähle von Luna und ihrem Fluch. Zum Glück überzeuge ich Andrea.

»Sag diesem Herrn Ahrens ab. Wer weiß, was sich diese Wahnsinnige noch einfallen lässt.«

Ade Whirlpool, adieu Garten. Schweren Herzens rufe ich Ahrens an.

»Lassen Sie sich doch nicht ins Bockshorn jagen. Spätestens wenn Sie in der Wohnung leben, lässt sie Sie in Ruhe.«

»Sie wissen von Frau Loves Machenschaften?«

»Sie sind der fünfte potenzielle Nachmieter, den Sie mir vergrault. Ich hätte gedacht, dass Sie durchhalten.«

Mistbock! Du hast alles gewusst und mich nicht gewarnt.

»Ich trete vom Vertrag zurück und möchte nichts mehr von Ihnen hören.«

»Gut gemacht«, sagt Andrea.

»Wir haben nur ein kleines Problem. In die neue Wohnung ziehen wir nicht ein, unsere alte ist gekündigt. Sieht aus, als ob wir bald obdachlos wären.«

»Ich habe ganz vergessen, die Kündigung bei Habermann abzugeben«, sagt Andrea. Ein Glücksfall.

Max kommt mit dem Telefon ins Wohnzimmer. »Da ist RTL. Die wollen dich zu den Katzenbergen interviewen.«

5. KAPITEL

Abenteuer Alltag

Seit ich Andrea geheiratet habe, ist kein Tag wie der andere. Die Zeiten des geruhsamen Single-Alltags sind vorbei. Ich habe gelernt, dass die Spülmaschine nur nach Besuchen von Tantra-Seminaren funktioniert, jage den Paketboten oder fahre in der Straßenbahn neben dem Leibhaftigen. Manchmal wünsche ich mir die Tage vor dem Fernseher, Beine in der Jogginghose und Hand in der Chips-tüte zurück. Aber nur in jedem vierten Schaltjahr.

Bei Anruf Mord

Das 20. Jahrhundert hat uns viele segensreiche Erfindungen beschert: das Internet, Antibiotika und Esspapier mit Erdbeergeschmack. Mir persönlich hat es das Internet besonders angetan. Seit es Breitband-DSL gibt, können Menschen mehrstündige Spielfilme in Sekundenschnelle aus dem Netz laden. Finde ich klasse. Das wollen wir auch. Und bei Janis können wir das günstiger als bei der Telekom. Zudem haben sie schnellere Leitungen und geben uns eine Geld-zurück-Garantie, sollten wir nicht zu 100 Prozent mit ihren Leistungen zufrieden sein. Heute wird unser Anschluss umgeschaltet. Ich freue mich wie ein Kind, das mit der Blechtrommel um den Weihnachtsbaum tanzt.

»Die Leitung ist tot«, sagt Andrea. »Ich habe auch das Paket von Janis mit dem neuen Router geöffnet. Schon seltsam. Na, du wolltest wechseln. Ich hoffe, du weißt, was du tust.«

Sie drückt mir einen Karton in die Hand. Ich vergleiche den Inhalt mit dem Lieferschein. Die Geräte sind falsch, die Farbe ist falsch, selbst der Empfänger ist falsch. Das Paket ist für unsere Nachbarn. Aber heute lasse ich mir die gute Laune nicht verderben. Ich nehme mein Handy und wähle die Servicenummer.

»Herzlich willkommen bei Janis. Leider sind alle Mitarbeiter im Gespräch. Bitte haben Sie etwas Geduld. Wir verbinden Sie auf den nächsten freien Mitarbeiter.«

Dann ertönt entspannende Fahrstuhlmusik. James Lasts Version der *Mondscheinsonate*. Nur will ich mich nicht entspannen. Ich will ein funktionierendes Telefon und eine DSL-Verbindung. Meine gute Laune flaut etwas ab.

Nach einem gefühlten Monat ertönt eine Computerstimme.

»Wenn Sie in Deutsch fortfahren wollen, drücken Sie die 1. Für Englisch die 2, für Türkisch ...«

Ich hämmere wie wild auf die 1. Danach erfolgt die Ansage in einer Sprache, die ich noch nie gehört habe. Deutsch ist es jedenfalls nicht. Der Kollege, der für unseren Telefonwechsel zuständig ist, scheint auch das System der Firma eingerichtet zu haben. Hätte ich mir denken können. Ich lege auf. Beim nächsten Anruf erwische ich die deutsche Sprachführung. Gott sei Dank.

»Wenn Sie eine Bestellung aufgeben möchten, drücken Sie die 1. Wenn Sie Fragen zum Status Ihrer Bestellung haben, drücken Sie die 2. Wenn Sie Fragen zum Unternehmen Janis haben, drücken Sie die 3. Drücken Sie jetzt.«

Was soll ich tun? Keine der Wahlmöglichkeiten verspricht Hilfe bei meinen Problemen. Ich lege auf und wähle erneut. Nach James Last und der richtigen Sprachwahl drücke ich die 4. »Sie werden mit dem nächsten freien Mitarbeiter verbunden.« Endlich.

»Bitte halten Sie die Lieferscheinnummer bereit.«

Mist! Ich spurte die zehn Meter zum Wohnzimmer, wo ich den Karton deponiert habe. Als ich mit dem Lieferschein in der Hand halte, tutet das Besetztzeichen aus dem Handy. Mir fällt ein, dass er mir sowieso nichts genutzt hätte, da die Geräte ja für die Nachbarn bestimmt waren.

Seltsamerweise komme ich bei der Bestellhotline sofort durch.

»Janis, Ihr kompetenter Kommunikationspartner, mein Name ist Robert Hansen. Was kann ich für Sie tun?«

»Wenn Sie denken, dass ich Ihnen die Möglichkeit zur Nachbesserung gebe, drücken Sie die 1. Wenn Sie denken, dass ich sofort den Vertrag mit Ihrem Saftladen kündige, drücken Sie die 2. Wenn Sie denken, dass Sie sich den falschen Router umwickelt mit dem nicht verbundenen Telefonkabel in den Allerwertesten schieben können, drücken Sie die 3.«

»Was ist denn nun mit unserem Telefon?«, fragt meine Frau wenig später.

»Heute im Laufe des Tages funktioniert alles.«

»Dann ist ja gut.«

Hoffentlich stellt die Telekom nach meiner reuigen Kündigungs-zurücknahme die alte Verbindung so schnell wie versprochen wieder her, ansonsten rufe ich die Bestell-Hotline an. Callcenteragenten fürchten mich.

Ein schwieriger Patient

Gesundheit ist mir wichtig, zumindest seit drei Monaten. Da erzählte mein Kumpel Joe mir in Charlies Eck, dass er zu einer Heilpraktikerin ginge. Fand ich erst einmal seltsam.

»Schau auf meinen Kopf«, sagte Joe. Tatsächlich! Wo vor 14 Tagen noch eine kahle Steppe gähnte, sprossen nun braune Härchen.

»Was ist passiert?«, frage ich. »Ist das ein Toupet?«

»Von wegen. Ich bin zu Sibylle Wägrich, einer Heilpraktikerin, gegangen. Die hat meine Ernährung umgestellt, gibt mir homöopathische Medikamente und motiviert mich. Seitdem fühle ich mich 30 Jahre jünger.«

»Ha«, sage ich. »Und trotzdem haust du dir die Hefeweizen rein? Oder gehören die zur Therapie?«

»Naturtrüber Apfelsaft, frag Charlie. Alkohol gehört meiner finsteren Vergangenheit an. Nun lebe ich im Licht.«

Unser Stammtisch endet kurz darauf. Joes Licht schien mir einfach zu hell.

»Du bist neidisch«, belehrt mich meine Frau.

»Worauf neidisch? Ich habe noch alle Haare«, protestiere ich.

»Und deine Geheimratsecken? Außerdem schadet dir eine gesündere Lebensweise nicht. Du warst schon fitter.«

Da hat sie zweifellos recht. Also vereinbare ich einen Termin mit Sybille. Bereits eine Woche später gehören Alkohol, Nikotin und Süßigkeiten auch meiner finsteren Vergangenheit an. Fleisch, Kaffee und Rockkonzerte meide ich. Ebenso anregende Tees, Gekochtes und Punkkonzerte. Fußball sowieso. Dafür trinke ich nach Kuhmist schmeckende Aufgussgetränke, verschlinge Rohkost und lausche CDs mit rauschenden Flüssen. Besonders gut gefällt mir die Donau. Klingt nach einem harten Programm, ist es auch. Dennoch fühle ich mich besser. Bis gestern.

In der Nacht krampft sich mein Bauch zusammen, gleichzeitig wird mir übel. Am Morgen drauf ist die Übelkeit verschwunden. Allerdings schmerzt der Bauch, wenn ich mich bewege, also bleibe ich erst einmal im Bett liegen. Um 16 Uhr kommt Max nach Hause.

»Wie lange willst du noch liegen bleiben?«

»Bis es mir besser geht.«

»Wann geht es dir besser?«

»Wenn der Bauch nicht mehr schmerzt.«

»Du liegst bereits seit gestern Abend im Bett«, stellt Max fest. »Vielleicht solltest du zu Sybille gehen.«

Nein, nicht zu Sybille. Wenn ich trotz ihrer Rosskur krank werde, zieht sie härtere Seiten auf. Das hat sie bereits angekündigt. Ich mag mir nicht ausmalen, wie diese aussehen mögen.

»Bei akuten Problemen ist ein traditioneller Mediziner besser. Der weiß, was er tut, und therapiert nicht wild drauflos«, behaupte ich.

»Dann geh hin«, beendet Max das Gespräch und widmet sich lieber seiner LEGO-Eisenbahn.

Ich suche die Adresse eines Allgemeinmediziners aus meiner Nähe im Internet, ziehe mich an und schlurfe los. Eine halbe Stunde später sitze ich in Dr. Maurers Behandlungszimmer. Ich schildere meine Symptome.

»Das könnte vieles sein«, stellt Maurer fest. »Geben Sie uns eine Urinprobe.«

Ich setze mich mit einem Plastikbecher auf Toilette. Es kommt nichts. Bekomme ich nun keine Diagnose?

»Alles in Ordnung?«, ruft eine Sprechstundenhilfe durch die Klotür.

»Ich kann nicht.«

»Nicht gut. Sie sind ein schwieriger Patient.«

Aha, kann ich doch nichts für.

Wieder im Sprechzimmer, sagt Dr. Maurer zu mir: »Kein Problem, allerdings sind meine Diagnosemöglichkeiten erschöpft. Bitte gehen Sie ins Krankenhaus zur Notaufnahme. Die werden Ihnen weiterhelfen.«

Kurz darauf stehe ich in der Kälte, in der Hand eine Überweisung ins Krankenhaus. Mein Bauch schmerzt beim Laufen und ich tue mir selbst leid. Ich jammere etwas vor mich hin, doch kein Passant hält an und erkundigt sich nach meinem Schlechtbefinden. Es hilft alles nichts. Ich rufe mir ein Taxi und lasse mich zum Oststadtkrankenhaus befördern. Auch der Taxifahrer ignoriert meine um Mitleid bettelnden Blicke und schaut starr auf die Fahrbahn.

»Mir geht es heute nicht so gut. Bauch«, erkläre ich. »Daher muss ich ins Krankenhaus.«

»Die Roten spielen sich zurzeit eine Scheiße zusammen, was?«

»Mal schauen, ob ich den heutigen Tag noch überlebe.«

»Die sollten den Heynckes holen, wenn Sie mich fragen. Der macht aus Scheiße Gold.«

Als wir am Krankenhaus angekommen sind, gebe ich ihm kein Trinkgeld. Wenn ich mich über Fußball unterhalten will, fahre ich kein Taxi, sondern gehe zum nächsten Kiosk. Idiot!

Im Krankenhaus nimmt mich Pflegeschüler Dennis in Empfang. Er stellt mir jede Menge Fragen.

»Gewicht? Größe? Krankheiten? Krankheiten in der Familie?«

Geht ihn nichts an. Er nickt nur gleichmütig. »Sie sind krank, nicht ich. Geben Sie uns eine Urinprobe.«

Nicht schon wieder. Ich sitze wieder mit einem Plastikbecher auf Toilette und fühle mich blockiert.

»Alles in Ordnung, Herr Bresser?«, schallt es durch die Tür.

»Klappt nicht«, bekenne ich frustriert. »Vielleicht kann ich was trinken? Das wäre förderlich.«

»Geht nicht«, brüllt Dennis durch die Tür. »Bevor Sie operiert werden, dürfen Sie nichts trinken. Wenn Sie nicht pinkeln können, ist es nicht weiter schlimm.«

Nun weiß das ganze Krankenhaus über meine Urinierhemmung Bescheid. Super! Und wieso operieren? Sollte nicht vorher eine Diagnose gestellt werden?

Richtig, darum kümmert sich Dr. Schmauch, ein kreidebleicher Assistenzarzt mit schulterlangen schwarzen Haaren und rumänischem Akzent. Erinnert mich an eine Dracula-Verfilmung mit Bela Lugosi. Der Mann ist mir unheimlich.

»Was genau ist Symptom?«

»Wenn ich mich bewege, fühlt sich mein Bauch unangenehm an.«

»Sie leiden Schmerzen?«

»Ein unangenehmes Gefühl, keine richtigen Schmerzen. Und nur in der Bewegung.«

»Aha.«

Dr. Schmauch tastet meinen Bauch ab. Dabei drückt er so fest, dass ich aufstöhne.

»Oho«, freut er sich. »Doch Schmerz!«

»Eher unangenehm.«

Dr. Schmauch schüttelt den Kopf. »Sie müssen entscheiden, sonst keine Diagnose. Sie sind schwieriger Patient.«

Das höre ich heute zum zweiten Mal. Schmauch reibt meinen Bauch mit schmieriger Paste ein und führt eine Ultraschallsonde über meinen Bauch. Währenddessen murmelt er grimmig vor sich hin.

»Und?«, frage ich schließlich.

»Ich sehe nichts. Spreche mit Oberarzt.«

Der steht kurz darauf an meiner Liege. Ein solariumgebräunter Sonnyboy im Jogginganzug.

»Ich bin Dr. Kaltenbach. Entschuldigen Sie meinen Aufzug, ich bin eigentlich bereits im Feierabend. Wo ist das Problem?«

»Schwierig Patient. Kann nicht sagen, ob Schmerzen hat. Bei Sonografie habe ich nichts entdeckt.«

»Ich glaube nicht, dass ich mehr als du entdecke«, sagt Kaltenbach. Das macht Hoffnung. Zehn Minuten später hat auch er meinen ganzen Bauch abgetastet. Der Monitor hat nichts gezeigt.

»Gab es schon mal Probleme in Ihrer Familie mit dem Bauch?«, fragt er.

Was haben die Bauchschmerzen meiner Eltern mit mir zu tun?

»Nicht, dass ich wüsste«, antworte ich dennoch brav.

»Okay, Herr Bresser, wir haben zwei Möglichkeiten. Wir können Ihnen auf Verdacht Antibiotika geben. Sollte aber etwas Akutes vorliegen, könnte sich Ihr Zustand verschlimmern. Oder wir öffnen Ihren Bauch und schauen, was dort los ist. Das ist zweifellos die bessere Alternative.«

Klingt beides nicht gut. Aber die Operation scheint unausweichlich.

»Eine super Entscheidung«, freut sich Kaltenbach. »Dr. Schmauch bereitet Sie auf den Eingriff vor.«

Der stellt mir die gleichen Fragen, die ich bereits Pflegeschüler Dennis beantwortet habe. Vorerkrankungen, Erkrankungen in der Familie, Allergien. Wenn das so weitergeht, kann ich auf Vollnarkose verzichten. Ich werde immer schläfriger.

Dann werden mir diverse Löcher in die Arme gestochen, Blut wird abgezapft.

»Möchten Sie eine Scheißegal-Pille?«, fragt mich Dennis.

»Ach nö, ich bekomme noch genug Chemie.«

Dann schiebt er mich in die Anästhesie. Unterwegs erfahre ich, dass er in Vahrenwald zusammen mit seiner Freundin lebt. Die heißt Bettina und arbeitet als PTA. Er fragt mich noch diverse Dinge über meine Frau, meinen Sohn und unsere Wohnung. Wie in Trance antworte ich, obwohl ich nicht verstehe, warum meine Antworten für die Operation wichtig sind.

In der Narkosestation muss ich kräftig durch eine Sauerstoffmaske atmen. Währenddessen tropft eine durchsichtige Flüssigkeit über einen Schlauch in meine Vene. In meinem Kopf spielen die

Beatles *Sergeant Pepper*, dazu grelle Farben und haarige Pilzköpfe, und das, wo ich die Beatles hasse.

Als ich aufwache, ist helllichter Tag. Ich liege in einem Krankenhauszimmer, eine Ärztearmee umringt mein Bett. Träume ich noch? »Da ist er wieder unter den Lebenden, der Herr ...«, ein rundlicher Arzt schaut auf das Namensschild an meinem Bett. »... Bresser. Da haben Sie sich ein schönes Ding eingefangen. Blinddarmdurchbruch mit Bauchfellentzündung. Heute Abend öffnen wir Ihren Bauch erneut.« Er klopft mir jovial aufs Bein. »Mal schauen, ob da wieder alles in Ordnung ist. Kein Grund zur Panik! Manchmal muss man in solchen Fällen bis zu zehnmal nachoperieren. Sie sind halt ein schwieriger Patient.«

Sein Gefolge nickt andächtig. In diesem Moment sehne ich mich nach Sybille zurück. Die fand mich nie schwierig.

36

Besuchsterrorismus

Ich bin wirklich ein schwieriger Patient. Vielleicht liegt das an meinen westfälischen Wurzeln. Ich bin ein ungeselliger Typ, der gern für sich allein in den Untiefen seiner Gedanken herumwatet.

Natürlich liebe ich meine Familie über alles. Wenn ich meine Frau sehe, geht für mich die Sonne auf. Der Anblick meines Stiefsohnes lässt mich heller strahlen als ein japanisches Atomkraftwerk. Das reicht mir allerdings schon. Natürlich schlürfe ich gern in Autorenkollegen Kerschkamps Kellerbar süffigen Rotwein oder erörtere mit Joe in Charlies Eck die weltpolitische Lage. Aber ein Dreibettzimmer ist definitiv mit zwei Personen überbelegt. Hätte ich nur die Zusatzversicherung für ein Einzelzimmer abgeschlossen.

Ich muss allerdings zugeben, dass Herr Götel ein feiner Kerl ist. Vor seiner Pensionierung hat er als Braumeister bei Herrenhäuser die Qualität des besten hannöverschen Bieres sichergestellt. Ein wichtiger Job. Nun spielen seine Nieren verrückt, was aber nicht an übermäßigem Biergenuss liegt. Er trinkt nämlich nur Rotwein.

Schwierigkeiten habe ich eher mit James. Der stammt aus der Karibik, hat die erste Hälfte seines Lebens in London verbracht, die zweite in Hannover. Leider spricht er ein für mich unverständliches Deutsch. Daher probiere ich es mit Englisch. Er schaut mich erstaunt mit seinen braunen Rehaugen an, als hätte das Krankenhausbett zu ihm gesprochen. Okay, Englisch ist auch nicht sein Ding. Ein armer Tropf! Schwaches Herz, versagende Nieren, astronomische Zuckerwerte. Dennoch verspeist er den ganzen Tag Hähnchenkeulen, die ihm seine Frau mitbringt, damit er wieder zu Kräften kommt. Ich hingegen erhalte nach drei Operationen in vier Tagen und einer Woche Intensivstation nur einen intravenösen Chemiemix.

»Jetzt gibt es Lecker-Lecker, Herr Bresser«, begrüßt mich Schwester Bonnie, als sie eine neue Lösung an meinen Chemikaliengalgen anklemmt. Nur weil ich krank bin, muss sie nicht in Babysprache mit mir schnacken.

»Ich nehme eine Currywurst und Pommes mit ein wenig Majo, dazu ein Pils.«

Sie schaut mich mitleidig an. Und James' Hähnchenkeulen duften. Mhm! Das nehme ich ihm aber nicht übel. Anstrengend hingegen sind seine permanenten Rufe nach dem Pflegepersonal, besonders in der Nacht.

»Schwester! Ich Smörtsmiddel.«

»Bitte?«

»Er möchte Schmerzmittel«, übersetze ich um vier Uhr morgens gern. James entdeckt in der Nacht auch immer neue medizinische Notlagen. Er verlangt nach einem Ohrenarzt, einem Hautspezialisten oder duscht gern zu ungewöhnlichen Tages- beziehungsweise Nachtzeiten. Und bis auf mich – ich habe mich aus lauter Langeweile in die James-Sprache eingearbeitet – versteht ihn keiner. Das schlaucht ganz schön. Er unterstellt dem Pflegepersonal, seine Anliegen absichtlich zu ignorieren. Ein durchaus begründeter Verdacht, schließlich lässt sich niemand gern als »Arschloch« oder »Bastard« titulieren. Das haben sie schon verstanden. Nur weil die Dialyseabteilung nicht um kurz nach Mitternacht für James geöffnet werden kann. Faulpelze, pflichte ich ihm bei.

Der Stress geht los, als Andrea mich besuchen kommt. Sie wirkt blass und übermüdet. Kein Wunder: Berufliche Selbstständigkeit und ein schulpflichtiges Kind sind anstrengend genug, und jetzt der Mann im Krankenhaus on top. Das kann keiner brauchen.

Andrea holt ein Notizbuch aus der Tasche.

»Als ich gestern aus dem Krankenhaus nach Hause gekommen bin, musste ich bis 23 Uhr telefonieren. Grüße von deiner Mutter, deinen Schwestern, Tante Trudi und Onkel Ingo, Kerschkamp, Joe, den Wiemers, meiner Mutter, meiner Schwester, Gerda und Hans-Wilhelm sowie den Schneiders.«

»Oh, danke. Wer sind Gerda und Hans-Wilhelm?«

»Deine Cousine zweiten Grades aus Extertal und ihr Freund.«

»Die hat uns einmal besucht. Da war ich vier.« Verzweifelt versuche ich mich an ein Gesicht zu erinnern.

»Deine Mutter hat sie angerufen. Gerda ist doch Krankenschwester. Die war ganz entsetzt, wie sie mit dir hier umspringen.«

»Ist doch ganz okay. Mir geht es den Umständen entsprechend gut«, beteure ich.

»Aber es könnte dir besser gehen, sagt Gerda. Sie wird dich besuchen und die Ärzte richtig auf den Pott setzen.«

Mühsam richte ich mich auf.

»Ich habe keine Kraft für Streitigkeiten. Ich muss mich erholen.«

»Die Wiemers, Onkel Ingo und Joe wollen dich auch besuchen. Joe trinkt zwar nicht mehr, aber dir will er eine Kiste Herrenhäuser ins Krankenhaus schmuggeln. Onkel Ingo möchte dir auf der Ukulele indische Gesundheitsmantras vorspielen. Dann wärst du sofort geheilt. Die Wiemers denken, eine Partie Mensch ärgere dich nicht täte dir gut.«

»Keine Besuche. Und wenn, dann für höchstens eine halbe Stunde«, stöhne ich. »Ich brauche wirklich nur Ruhe.«

Das sage ich zwar immer, wenn wir irgendwo eingeladen sind, aber diesmal stimmt es wirklich. Sonst besuchen mich die meisten dieser Leute auch nicht. Warum jetzt, wo ich noch weniger Gesellschaft gebrauchen kann als sonst? Andrea verspricht, sich fünf Stunden freizuschaufeln, um alle wohlmeinenden Verwandten und Bekannten über die Besuchsregelung zu informieren. Ich bin sehr dankbar. Leider bleibe ich nicht lange allein.

»Hallihallo, wie geht es denn unserem armen Patienten?«

Dieser Flummi im knallgelben Kleid könnte Gerda sein. Hans-Wilhelm, ein komplett schwarz gekleideter Gothic mit ausrasierter linker Scheitelhälfte, folgt ihr bedächtig. Leider bin ich zu sehr geschwächt, um auf der Stelle zu flüchten.

»Ich Smörtsmiddel, Schwester«, stöhnt James.

»Sie Armer, werden Sie hier nicht richtig versorgt? Bei uns in Extertal wären Sie besser aufgehoben.«

Gerda öffnet die Zimmertür und brüllt »Schwester, kommen Sie doch endlich!« in den Flur.

»Was denn?«, fragt Schwester Bonnie, nur leicht gereizt.

»Der Mann stirbt vor Schmerzen. Ich bin Kollegin aus Extertal, da kümmern wir uns um unsere Patienten.«

»Herr Semisanan hat erst vor einer halben Stunde Medikamente bekommen. Seien Sie beruhigt, es ist alles gut.«

»Unmöglich«, flüstert Gerda Schwester Bonnies Rücken hinterher.

»Leben kommt, Leben geht«, murmelt Hans-Wilhelm. »Die Wahrheit ist auf dem Friedhof.«

»Hans, nu lass mal«, maßregelt ihn Gerda.

Aus unerfindlichen Gründen fühle ich mich wesentlich schlechter als heute Morgen.

»Nenn mich Evil Darkness, mein alter Name liegt in der Gruft.« Hans kann auch laut, wundere ich mich.

»Werd nicht komisch! Außerdem sind wir wegen Michael hier.«

Ich stöhne demonstrativ auf. »Ich bin sooo müde, außerdem schmerzt mein Bauch. Längeren Besuch halte ich nicht aus.« Das ist sogar die Wahrheit.

»Ganz normal«, Gerda klopft mir auf den Bauch, was einen weiteren Schmerzensschrei hervorruft.

»Entschuldige, mein Lieber. Das hätte mir als Schwester nicht passieren dürfen. Jedenfalls ist es bei so einer schwierigen Operation kein Wunder, dass du geschwächt bist, immerhin bist du knapp dem Tod von der Schüppe gesprungen.«

»Ich beneide dich. Wie schaut der Tod aus?«, fragt Evil Darkness.

»Nicht, wie man sich ihn vorstellt, eher wie ein Hippi. Sehr bunt, sehr ungepflegt. Er hat *Yellow Submarine* gepfiffen«, behaupte ich.

»Nicht wahr!«, staunt Hans.

»Nun wollen wir die Cafeteria besichtigen. Kommst du mit?«, fragt Gerda.

Ich zeige auf die Schläuche, die meinen Körper verlassen.

»Dann trinken wir ein Käffchen mit auf dich, Cousin.«

Sie verlassen unser Zimmer.

James blickt mich fragend an. »Verrückte?«

»Bauern aus Ostwestfalen. Ganz schlimm Verrückte. Hast du noch Smörtsmiddel übrig?«

Hat er. Damit ist alles leichter zu ertragen.

Ich telefoniere mit Andrea. Ab sofort empfange ich keinerlei Besuche am Krankenbett, außer den inneren Familienkreis. Das müssen die anderen aber nicht wissen. Ich bin halt ein schwieriger Patient.

37

Ich esse meine Suppe nicht

Ich esse gern. Das ist vermutlich erblich bedingt. Mein Vater hat gern gegessen und mein Großvater, den ich nicht kennenlernen durfte, vermutlich auch. Leider ist das Oststadt-Krankenhaus eine kulinarisch befreite Zone, zumindest für mich. Über den Tropf erhalte ich alle lebenserhaltenden Stoffe, selbst Flüssigkeit. Wenn ein Patient den ganzen Tag nichts zu tun hat, wäre Essen eine willkommene Abwechslung. Ich frage bei der morgendlichen Visite vorsichtig beim Arzt an.

»Stimmt! Gut, dass Sie fragen. Eigentlich könnten Sie wieder Nahrung zu sich nehmen, erst einmal aber nur Suppe und Joghurt.«

Besser als nichts. Aber an diesem Tag steht ein weiteres Highlight bevor. Schwester Annika wird während der Verteilung der Trombosespritzen von einem Handyanruf gestört. Sie sieht nicht sehr erfreut aus.

»Wir ziehen um«, eröffnet sie uns anschließend. »In einer halben Stunde muss das Zimmer leer sein. Eine MRSA-Patientin wird aus der Notaufnahme auf unsere Station verlegt.«

»Was ist dieses MRSA?«, frage ich.

»Eine antibiotikaresistente bakterielle Infektion.«

»Fängt man sich vor allem in Krankenhäusern ein. Das ist kein Kindergeburtstag«, weiß Zimmernachbar Götel. Er wird heute entlassen, worüber er sichtlich froh ist.

Ich schlucke erst einmal. Selbst James versteht trotz fehlender Sprachkenntnisse, dass diese Erkrankung uns alle gefährden könnte. Er hält sich den Hals und bettelt: »Schwester, Smörtsmiddel.« Bekommt er auch. James wird in seinem Bett in den Nachbarraum geschoben. Ich darf mit meinem Chemikaliengalgen selbst rüberschleichen. Ein schickes Sechsbettzimmer erwartet uns. Wird immer besser. Zum Glück ist nur ein Bett belegt.

»Hallo, ich bin der Eduard«, stellt sich ein Mann in meinem zarten Alter vor. »Ich musste vor einem halben Jahr meinen Nabeldurchbruch operieren lassen, reine Routine. Dabei hat mir der übermüdete Chirurg den Darm angeschnitten, an drei Stellen. Mittlerweile bin ich 19-mal nachoperiert worden. Sie schaffen es nicht, mich wieder zusammenzuflicken.«

»Kunstfehler?«

»Meine Schuld! Ich habe wie jeder unterschrieben, dass Fehler bei der Operation passieren können. Die Ärzte meinen, es wäre mein Problem, aber aus Kulanz behandeln sie mich weiter.«

Mir wird anders. Vielleicht es doch besser, den Krankenhausaufenthalt drogenvernebelt vorbeigleiten zu lassen, als immer neue Schauerlichkeiten hören zu müssen. Es scheint genauso wichtig zu sein, das Krankenhaus zu überleben, wie die ursprüngliche Krankheit.

Das Essen wird aufgetischt, ebenso kommt James' Frau. Die kümmert sich wirklich liebevoll um ihren Mann. Während James genussvoll einen Gyrosteller verspeist, verstaut sie all die mitgebrachten Fressalien.

»Mein James war ein Kerl wie ein Baum. Er hat 120 Kilo gewogen. Und heute? Ein Häufchen Elend, das gerade einmal 95 auf die Waage bringt.« Ich nicke verständnisvoll.

»James, ich war heute bei der Grundeigentümerversammlung. Da gab es Braunkohl und das Bier, das du immer so gern trinkst. Da habe ich für dich etwas abgezweigt. Kannst heute Abend in dein Nachttischfach schauen. Deine Hähnchenkeulen sind in der Tüte vom Metzger.«

»Jetzt essen«, röhrt James, denn der Gyrosteller ist bereits verputzt.

Eduard bekommt ebenfalls Suppe, die augenblicklich in einen seiner drei Katheterbeutel läuft.

»Ich esse nur, um nicht aus der Übung zu kommen«, grinst er. Seine gute Laune ist angesichts der gesundheitlichen Lage bewundernswert.

Nun widme ich mich meinem Essen. Ich habe Spargelcremesuppe bestellt. Die schmeckt eigentlich immer. Ich hätte auch Zucchini-, Tomaten- oder Gemüsemixsuppe wählen können, aber ich bleibe noch ein paar Tage hier.

Ich nehme den ersten Löffel und unterdrücke den Impuls, alles wieder auszuspucken. Was ist denn das? Ein schleimiger, versalzener Chemiemix, der noch nicht einmal neben einem Spargel im Lager gestanden hat. Zum ersten Mal während meines Aufenthalts drücke ich die Klingel. Nach zehn Minuten kommt Pfleger Markus.

»Und?«, fragt er gereizt.

»Ich bin eigentlich nicht besonders wählerisch, aber dieses Zeug bekomme ich nicht runter. Das hat mit Gemüsesuppe nichts zu tun.«

Er blickt mich mitleidig an. »Sie sind wohl einer von diesen ganz schwierigen Patienten. Was erwarten Sie denn? Das ist ein Krankenhaus. Noch nie einen Fernsehbericht über Verpflegung in Krankenhäusern gesehen? Am besten schmeckt meiner Meinung nach die Zucchinisuppe. Da ist natürlich auch kein Gemüse drin. Die schmeckt nach irgendwas und ist grün. Aber wie gesagt: Die lässt sich noch gerade so essen.«

Ich verzichte und bitte darum, wieder an den Ernährungstropf angeschlossen zu werden. Lehnt er ab. Innerlich entwickle ich Aggressionen, vor allem, weil der Duft von James' Braunkohl zu mir rüberzieht. Ich überlege: Seine Frau ist nach Hause gefahren. Ich bin selbst im momentanen Zustand stärker als ein fast 80-Jähriger. Da könnte ich doch … Nein! Ich schäme mich vor mir selbst für meine kriminellen Gedanken.

Unsere WG bekommt Zuwachs. Es ist ein hamburgisch sprechender Dialysepatient mit einem altersbefleckten Gesicht. Dabei ist er gerade mal 50, wie er sofort erzählt. So stelle ich mir Methusalems Großvater vor. Wir geraten gleich aneinander. Da er permanent niest, sage ich: »Gesundheit! Da hat die Erkältung Sie aber schwer erwischt.«

Ich dachte, das wäre freundlich. Denkt er nicht.

»Sind Sie komplett verrückt. Das ist doch keine Erkältung! Das liegt an den Wassertabletten. Erkältung, so was Beklopptes habe ich noch nie gehört. Gehen Sie mir weg, Sie Besserwisser!«

Im Geiste erkläre ich unsere Freundschaft für beendet, bevor sie begonnen hat. Als Nächstes beehrt uns Arno.

»Ich bin Epileptiker, 30 Jahre an der Nadel und HIV-positiv. Ich will hier meinen Magen durchchecken lassen.«

Alle denken dasselbe. Ein Junkie auf kaltem Entzug. Das könnte Probleme geben.

»Woher weißt du denn, dass du HIV-positiv bist?«, fragt schließlich Eduard.

»Ich hatte so eine Fixerfreundin. Mit der habe ich mal aus Versehen gepoppt. Und irgendwann im Krankenhaus haben mir die Ärzte gesagt: ›Herr Pohl, Sie haben da was. Das könnte Probleme geben.‹ Aber für mich ist das kein Ding.«

»Hast du es mit Methadon probiert?«

»Ach nö, das mag ich nicht, schließlich kann ich nur einen Tod sterben, da ist es egal woran.«

»Ich mag euch Brüder nicht. Ihr seid Abschaum«, keift der Hamburger neben mir.

Arno schaut nur stoned aus der Wäsche. Dann erblickt er James' Braunkohl. »Ich habe noch überhaupt nichts gegessen. Kann ich etwas abhaben?«

»Herkomm, ich geb dir«, strahlt James.

Mensch, hätte ich nur eher gefragt. So schaufelt sich Arno den Rest von James' Nachtisch hinter die Kiemen und staubt noch eine Hähnchenkeule ab. Dann geht er rauchen.

Zum Abendessen bekomme ich Milchsuppe. Riecht ekelerregend. Arno raucht noch immer draußen in der Kälte. Meine Chance.

»Hast du vielleicht noch eine Hähnchenkeule übrig, James?«

»Ich Smörtsmiddel, du Chicken.«

Ich tausche gern. Auch wenn ich ein schwieriger Patient bin, ist für einen Moment meine Welt wieder in Ordnung. Zum Nachtisch leere ich ein Bier. So lässt es sich selbst im Oststadt-Krankenhaus aushalten.

38

Pickelige Zehennägel

Tatort Cranachstraße. Diese ist nur einspurig befahrbar. Ich zuckele mit den vorgeschriebenen 30 Stundenkilometern Höhe Straßenmitte, als ein schwarzer Jeep in die Straße einbiegt und auf mich zurast. Normalerweise schaut man in die Straße. Befindet sich dort bereits ein Fahrzeug, fährt man nicht rein. So mache ich das, alle anderen auch. Fast alle.

Eine hektische Dame Mitte 30 steigt aus dem Auto und klopft an mein Fenster.

»Bitte fahren Sie zurück, damit ich weiterfahren kann. Ich habe es eilig.«

»Momentchen«, antworte ich. »Ich befand mich bereits in der Straße. Sie hätten warten müssen, bis ich aus der Straße rausfahre.«

»Guter Mann«, sagt sie. Auf diese Anrede kann ich gut. Da bekomme ich Pickel auf den Zehennägeln. Zudem pikst ihr Zeigefinger permanent gegen meine Autotür, was mein Blut in Wallung bringt. »Guter Mann, wir können bis heute Nacht diskutieren, davon wird unser Problem nicht gelöst. Fahren Sie einfach zurück, damit ich weiterkann.«

Da platzt mir der Kragen. Ich betätige den Warnblinker und öffne die Tür. Die Frau springt zur Seite.

»Gute Frau«, sage ich. »Wir haben kein Problem, höchstens Sie. Ich wohne nur 100 Meter weiter und kann bequem eine Kanne Kaffee trinken, bis Sie zurückgefahren sind. Schönen Tag noch!«

Ich schließe den Wagen ab und lasse ihn mitten auf der Straße stehen. Während ich gemächlich zu unserem Haus zurückschreite, höre ich, wie sie mir diverse Mutmaßungen über meinen Geisteszustand, die sexuellen Aktivitäten meiner Eltern und die Größe meines Geschlechtsorgans nachbrüllt. Eine halbe Stunde später bin ich zurückgegangen. Nur drei Autos sind im Rückwärtsgang aus der Cranachstraße gekrochen. Der Jeep war auch weg. Geht doch.

Leider ist das Ende der Geschichte nur mein Wunschdenken. Natürlich bin ich wie ein Gentleman zurückgefahren. Sie hat mir triumphierend zugewinkt und ich habe freundlich gelächelt. Das Knirschen meiner Zähne konnte sie Gott sei Dank nicht hören. Ich hasse Rechthaber, auch wenn ich selbst im Recht bin.

39

Schönen Tag noch

Ich muss mir einen Job suchen. Zum einen brauche ich neues Futter für Geschichten, zum anderen schreit das Bankkonto nach Auffrischung. Aber welchen? Von meinem BWL-Studium erinnere ich mich nur an die Semesterfeten, Journalisten haben wenig attraktive Arbeitszeiten, und für Weihnachtsmänner ist jetzt keine Saison … Halt, ich weiß, was ich mache. Ich helfe vom Leben benachteiligten Menschen, vielleicht im Seniorenheim oder bei der Obdachlosenhilfe, die brauchen immer zupackende Hände. Ich arbeite nachhaltig und fülle mein Portemonnaie. Ein gutes Konzept! Die Altenheime brauchen mich nicht, stelle ich nach 20 Absagen fest, zumindest nicht für Bezahlung. Aber der Elektronikriese Jupiter in Hannover-Mühlenberg braucht einen stressresistenten Mitarbeiter im Servicebereich, der defekte Geräte tauscht oder dem Hersteller zur Reparatur zurückschickt. Kein Problem.

Ich scheue mich auch nicht, in Mühlenberg zu arbeiten. Dieses Viertel ist so verrufen, dass selbst die Polizeihunde schusssichere Westen tragen müssen. Ein Bürgermeister Hannovers bot es der 30 Kilometer entfernten Stadt Hildesheim an, als Zugabe eine halbe Million für das leere Stadtsäckel. Das Hildesheimer Stadtoberhaupt verklagte seinen hannoverschen Kollegen wegen Beleidigung. In den Kindergärten dieser wenig freundlichen Ecke werden die Kiddies in jedem Raum auf das bestehende Alkoholverbot hingewiesen. Doch die Marvins und Justins, die den Metalldetektor passieren können, trinken meistens nicht. Besoffen zielt es sich schlecht. Ich habe, wie gesagt, keine Berührungsängste. Das sind auch Menschen, leuchtende Lichtwesen auf ihrem Weg durch die Ewigkeit.

Serviceleiter Metzger, ein rundlicher Gemütsmensch, gibt mir morgens einen halbstündigen Crashkurs in Garantie und Gewährleistung. »Und immer schön freundlich bleiben. Sie sind der Repräsentant von Jupiter, der den Kunden im Gedächtnis bleibt. Gleichzeitig zeigen Sie sich bestimmt in der Sache. Orientieren Sie sich einfach an dem Kollegen Steve, unserem Betriebsfaktotum. Der arbeitet seit zehn Jahren im Service und kennt das Thema aus dem Effeff.«

Die Serviceabteilung des Marktes befindet sich im Keller und ist nur über eine schmale Treppe erreichbar. Ich tapere durch schummrig beleuchtete Gänge mit schimmeligen Wänden. Einige Ratten huschen durch die Katakomben. Mein Gott, ich würde freiwillig auf die Reparatur meines DVD-Players verzichten, um dieses Verlies zu vermeiden. Vielleicht war dieser Servicejob doch nicht meine beste Idee.

In einer tristen, mit grellem Neonlicht ausgestrahlten Halle befinden sich zwei Pulte. An einem steht ein hagerer Typ im rot-blauen Marktoutfit. Die blonden Haare fallen auf die Stirn, im rechten Ohr klemmen fünf Goldringe.

»Ich bin Steve, willkommen im Kundenparadies! Wenn du Probleme hast, helfe ich gern.«

Ein netter Kerl. Und einen guten Kollegen brauche ich auch. Um neun Uhr stehen zwei gefühlt 20 Meter lange Kundenschlangen vor unserem Tresen. Wirklich erstaunlich, dass sich so viele Menschen in einem ungemütlichen Ambiente einer wahrscheinlich stundenlangen Wartezeit aussetzen. Mein erster Kunde. Ich freue mich wie ein Kind an Weihnachten, diesen Menschen glücklich zu machen.

»Hier.« Der schnauzbärtige Jogginganzugträger haut mir einen schmuddeligen Karton auf die Theke.

»Einen wunderschönen Tag, willkommen bei Jupiter! Was haben wir denn da?«

Er antwortet nicht, starrt mich nur finster an. Also öffne ich selbst den Karton.

»Eine Kaffeemaschine. Mhm, meine Oma hatte das gleiche Modell. Haben Sie einen Bon?«

»Geh mir weg mit Bon. Umtauschen!«

Freundlichkeit wird siegen. Ich schicke mental Liebe zu dem Jogginganzugträger.

»Ohne einen gültigen Kaufbeleg kann ich die Kaffeemaschine weder reparieren lassen noch umtauschen. Ohne Ihnen zu nahe treten zu wollen, mir scheint das Modell doch etwas antik zu sein. Gewährleistung und Garantie gelten höchstens zwei Jahre.«

»Umtauschen!« Er drängt seinen massiven Körper ans Pult. Seine klobigen Hände wirken verkrampft.

»Pass mal auf, du verfluchter Schisser, pack deine verfickte Kaffeemaschine ein und verpiss dich! Ich will deine hässliche Fresse nie wieder in unserem Laden sehen. Hast du mich verstanden, oder muss ich dir in den Arsch treten, bis dir deine verdreckten Zähne aus dem Maul fallen?«

Steve hat eine deutliche Kundenansprache, stelle ich erstaunt fest. Der Jogginganzug packt wirklich seinen Karton unter den Arm.

»Einen Versuch war es wert. Schönen Tag noch!«, nuschelt er.

Ich könnte so was nicht. Ich will so was auch nicht. Auch wenn wir eine kleine Meinungsverschiedenheit hatten, ist der Jogginganzugstyp ein Mensch, dem ich Respekt entgegenbringe. Steve klopft mir auf die Schulter.

»Beim nächsten Kunden läuft es besser.« Er zwinkert mir zu.

Der nächste Kunde ist eine Dame Mitte 50 mit hochgesteckten Haaren.

»Ihr Staubsauger saugt nicht.«

Sie legt die Quittung auf die Theke. Ich probiere das Gerät aus, es saugt wirklich nicht.

»Stimmt, wir müssten es zur Reparatur schicken.«

»Das macht mich ganz fertig.«

»Dann schau ich mal, ob ich das Gerät umtauschen kann.«

»Aber rasch! Ich habe schon Depressionen.«

Obwohl ich mir alle Mühe gebe, wirkt sie leicht aggressiv.

»Wissen Sie, wer ein Recht auf Depressionen hat? Kinder in der dritten Welt, die von einer Hand voll Reis am Tag leben müssen. Ein bekloppter Staubsauger ist kein Grund für Depressionen. Hier!«

Arno öffnet den Staubsauer und schüttelt einen Haufen Dreck auf den Betonboden.

»Schon mal was von einer grandiosen Erfindung namens Müllbeutel gehört? Nehmen Sie Modell H23B F aus unserer Haushaltswarenabteilung. Der Sauger ist vollkommen in Ordnung. Auf Nimmerwiedersehen!«

Die Dame murmelt etwas von Frechheiten und Beschwerden bei der Konzernleitung, dackelt aber los.

»Wie hältst du das nur seit zehn Jahren aus?«, frage ich Arno. »Treibst du Sport zum Ausgleich?«

»Michael, ich arbeite von morgens bis abends. Dann gehe ich nach Hause, setze mich aufs Sofa und warte auf den Tod. Da brauche ich keinen Ausgleich.« Arno lacht. »Wenn du den Leuten nicht Paroli bietest, bist du bereits nach einem Tag ein seelisches Wrack. Und es nimmt dir keiner übel. Die wollen sich über uns aufregen. Können sie kriegen. Arbeite an deiner Einstellung, Junge!«

Vielleicht hat er recht. Der nächste Kunde nähert sich. Ein schneidiger Mann in meinem Alter. Er trägt einen grauen Anzug, in dem er bestimmt schon zur Welt gekommen ist. Arno gibt mir ein Handzeichen. Das scheint ein besonders schwieriger Kundentyp zu sein.

»Schön guten Tag, mein Drucker ist defekt.«

»Haben Sie einen Bon?«

Arno winkt. Dem soll ich es so richtig zeigen.

»Leider nicht.«

Ich gebe mir einen Ruck, besinne mich auf das Böse in mir und keife los: »Pass auf, du Drecksack. Nimm deinen vollgewichsten Drucker und gewinn Land! Ohne Bon tun wir hier gar nichts.«

Arno winkt noch heftiger. Diesmal musste er nicht eingreifen. Ich habe rasch gelernt. »Und nun sieh zu, dass ich dich nie wiedersehe, Penner!«

In das letzte Wort lege ich jegliche Verachtung, zu der ich fähig bin.

»Gestatten, Klaus Streng, ich bin der Niederlassungsleiter dieser Filiale.«

Ich sacke zusammen. Da versuche ich, es einmal richtig zu machen, und dann so ein Fiasko.

»Tttut mir leid«, stammele ich. »Ich leide unter Tourette.«

Streng lacht schallend. »Sie brauchen sich nicht zu entschuldigen. Das haben Sie hervorragend gemacht. Genauso müssen diese Arschgeigen behandelt werden, die unseren Laden ausrauben wollen. Endlich ein Mann, der in Steve Fußstapfen tritt. Was halten Sie von einem unbefristeten Arbeitsvertrag?«

Ich sehe mich abends auf dem Sofa sitzen und auf den Tod warten. Nein, danke! Der Menschheit Gutes zu tun ist mir zu schwierig.

40

Ich war noch niemals auf Hawaii

Manchmal wird mir der ganze Lärm zu viel. Mir kommt es vor, als ob die Leute momentan dauernd reden, quatschen oder schnacken. Dann sitze ich still vor mich hin und denke mir meinen Teil. Meist schweifen meine Gedanken durch exotische Gegenden wie zum Beispiel Hawaii. Da würde ich wirklich gern hinfliegen, zumindest dann, wenn mich Begriffe wie Cashflow, Bildungskrise oder Staatsverschuldung in eine tiefe Trance beamen.

Selbst reden ist eigentlich noch schlimmer. Im Unternehmen muss ich in Konferenzen Standpunkte mitteilen, als Autor über meine Projekte referieren und als Privatmensch am Familienrat Gedanken zum Allgemeinwohl erörtern. Nun, eigentlich bin ich froh, dass ich am Familienrat teilnehmen darf, denn Max meint, dass Mama und er als bestimmende Familienmitglieder reichen. Eine aus seiner Sicht durchaus nachvollziehbare Sichtweise, denn dann würde eine mögliche Gegenstimme wegfallen.

Normalerweise halte ich mich bei diesen Diskussionen über Speiseplan, Arbeitszeiten und Freizeitaktivitäten zurück. Es reicht mir, still dabeizusitzen, denn meine Lieben wissen meistens, was gut für uns alle und damit auch für mich ist. Und ich kann vor mich hin träumen. Nur heute habe ich ein Anliegen. Ein unerwartetes Redebedürfnis erfüllt mich.

»Einen Moment noch. Ich hätte noch ein Thema, das wir dringend diskutieren müssen«, eröffne ich, als meine Lieblinge sich gerade erheben wollen. Die beiden starren mich erstaunt an, setzen sich dann aber, zögerlich abwartend.

»Was möchtest du uns denn mitteilen, Michael?«, fragt meine Frau vorsichtig.

»Die Zahnpastatube. Ich denke, da besteht in unserer Familie Optimierungspotenzial.«

»Ihr macht beide die Zahnpasta nicht richtig zu.« Max ist entrüstet. Oha, da habe ich ein heißes Eisen angepackt.

»Richtig, Max, aber darum geht es nicht. Mir ist aufgefallen, dass du und Mama irgendwo an der Tube quetscht, meistens oben. Ich halte es für effektiver, die Zahnpasta vom untersten Ende nach oben hin auszudrücken. Dadurch gewinnen wir zusätzliche Paste.«

Meine Frau lächelt müde. »Hast du sonst noch Probleme, Michael?«

»Ganz im Ernst. Im Jahr können wir durch eine optimale Nutzung bestimmt zehn Zahnpastatuben sparen, mindestens 40 Euro. Davon könnten wir lecker essen gehen. Du wolltest doch schon immer zum Mongolen.«

»Wenn ich mich recht entsinne, wolltest *du* zum Mongolen.«

»Lass uns nicht streiten. Ist doch egal. Konsensvorschlag: Einer aus unserer Familie wollte zum Mongolen.« So leicht lasse ich mich nicht unterkriegen.

»Außerdem habe ich gestern gesehen, wie du selbst oben an der Zahnpastatube gedrückt hast«, sagt Max.

»Ja, das stimmt, da war ich in Eile. Es geht mir aber nicht um den Einzelfall. Grundsätzlich ist es besser, Dinge aufzubrauchen. Da hat man mehr von. Soll ich euch einmal an der Tube demonstrieren, wie ich mir das vorstelle?«

»Deine Grundsätze verstehe ich nicht. Du hast dich doch noch nie um die Zahnpastatube gekümmert.«

Meine Frau schüttelt den Kopf. Sie wirkt ein wenig genervt. Verstehe ich nicht. Meine Idee bietet doch ganz neue Perspektiven.

»Einmal ist immer das erste Mal. Wenn man Probleme sieht, sollte man sie angehen, oder Max?« Ich versuche, mir einen Verbündeten auf die Seite zu ziehen.

»Du meinst: Wenn ich nicht aufräumen möchte, könnte ich mich krankstellen. So eine Problemlösung?«

»Das finde ich nicht gut, dass du uns anschwindelst.«

»Mache ich doch nicht. Hör mir doch nur einmal zu, Michael. Ich habe gesagt: ›könnte ich mich krankstellen‹! Das ist mir zu blöd, ich gehe jetzt lieber spielen.«

Da verschwindet mein Verbündeter Richtung LEGO-Eisenbahn. Gut, dass ich nicht in die Politik gegangen bin. Kungeln liegt mir nicht.

»Ich verstehe nicht, was du eigentlich willst. Sonst denkst du doch auch nicht über so einen Blödsinn nach.« Meine Frau wird langsam unruhig.

»Ich versuche nur, unsere Zahnpastainvestitionen optimal zu nutzen. Wir kaufen doch auch keine Lebensmittel und schmeißen sofort die Hälfte weg. Auf Jahre gerechnet, verschwenden wir einen Urlaub in Hawaii.«

Zur Demonstration lege ich einen TUI-Katalog auf den Tisch. Blauer Strand und Palmen. Wenn das keine Motivation ist!

»Sind unsere Zahnputzgewohnheiten daran schuld, dass wir noch nicht in Hawaii waren?« Der rechte Fuß meiner Frau stampft einen 16/16-Takt auf den Boden. Das macht sie nur, wenn sie richtig sauer ist. Verstehe ich nicht. Die Zahnpastakrise ist doch ein Thema, dessen Lösung der ganzen Familie zugutekommt.

»Wenn dir so viel an der Erhaltung unserer Investitionen liegt, solltest du deine Wäsche nicht um das ganze Haus herum verteilen. Ein Paar Socken kostet um die fünf Euro. Du hast während unserer Ehe bestimmt 100 Paare verklüngelt. Von deinen eingerissenen Hosen und zu heiß gewaschenen Pullovern will ich gar nicht erst anfangen. Wenn du diese Investitionsnutzung einmal optimieren würdest, könnten wir dreimal um die Welt und zurück reisen.«

Da hat sie recht. Wenn ich auch ihre Aufrechnung als etwas kleinlich empfinde. »Ich wollte es nur mal ansprechen«, murmele ich.

Seither halten wir es wie immer: Meine Familie quetscht die Zahnpasta, wo sie will, und ich vernichte meine Kleidung. Nach Hawaii fliegen wir in näherer Zukunft auch nicht. Aber wenn andere reden, träume ich weiterhin gern von den weißen Stränden der Insel und denke, wie schön es wäre, wenn meine Familie die Zahnpastatube am unteren Ende quetschen würde.

41

In der Bahn mit Satan

Straßenbahn Richtung Stadtmitte, 1.30 Uhr. An der Noltemeyerbrücke steigt ein Mann, Mitte 50, zu. In der Hand hält er eine Flasche Gilde, die grauen Haare türmen sich wuschelig auf. Mir kommt es vor, als ob sich in Stirnhöhe zwei Hörnchen bilden, aber wahrscheinlich bin ich nur müde. Jedenfalls verströmt der Kerl diesen ranzigen Geruch von Ärger. Demonstrativ blicke ich aus dem Fenster. Hilft nichts, er setzt sich in die Bank links neben mir.

»Der Hitler wurde mir zu mächtig. Dem habe ich 42 in Stalingrad gezeigt, wo der Frosch die Locken trägt.«

Ich ignoriere ihn zunächst. Doch er steht auf und setzt sich direkt neben mich. Er riecht wirklich intensiv, so als hätte er seine abgerissene Jeansjacke mehrere Stunden über dem Kaminfeuer aufgewärmt. Instinktiv rücke ich näher ans Fenster.

»Der Hitler hat sich was angemaßt. Du glaubst es nicht, mein Freund. Der hat sich mit Wagner-Opern berauscht und meinte, er könne es mit dem Satan aufnehmen.«

»Aha«, heuchele ich Interesse.

»Was sagt dir die Zahl 666?«

Ich schweige. Der Dialog behagt mir nicht. Ich könnte mir vorstellen, dass der Typ gewalttätig werden kann.

»666 ist meine Zahl, totale Verdammnis, der Armageddon. Und dieses Kunstmalerwürstchen meint, er könne es mir gleichtun. Weißt du, dass der selbst kein Arier war?«

Nur noch drei Stationen. Bald habe ich es geschafft.

»Du brauchst nicht zu antworten. Das wissen die wenigsten. Adolfs Familie stammt aus Anatolien. Die hießen ursprünglich Hütlük und haben sich eindeutschen lassen. So ein Blender!«

Er holt eine volle Flasche Gilde aus einer Plastiktüte.

»Weißt du, Bruder, den Adolf hat der Mann mit dem weißen Bart genauso gehasst wie ich. Natürlich aus anderen Gründen. Trotzdem: Er musste weg. Heute mobbst du Politiker über das Internet. Das war früher schwieriger. Gott und ich haben dann die Alliierten in Bewegung gesetzt. Die sollten euch Deutschen das Feuer unterm Arsch anzünden.«

Er lacht und legt mir eine Hand aufs Bein.

»Du sprichst auch gut deutsch. Ich wusste gar nicht, dass Satan Deutscher ist«, stelle ich fest.

Er zieht die Hand zurück, nimmt einen Schluck Bier und rülpst.

»Werde mal nicht komisch, Kleiner. Was sonst? Ami, Jude oder Taliban? Nö! Als Deutscher fühle ich mich in meinem Element. Aber lenk mal nicht ab. Jedenfalls haben Gott und ich eine Allianz geschmiedet. Was meinst du, wer Adolf im Bunker die Knarre in die Hand gedrückt hat? Der Typ hat bis zuletzt an den Endsieg und Großdeutschland geglaubt. Der wäre nie freiwillig abgetreten.«

»Wenn du es sagst. Dann müssen die Geschichtsbücher umgeschrieben werden, was.«

»Du sagst es.« Er leert die Flasche.

»Bist du wirklich Satan?« Langsam lähmt mir der penetrante Schwefelgestank den Atem.

»Was ist wirklich, was ist Fiktion? Philosophie lag mir nie. Wenden wir uns praktischen Fragen zu. Wo steigst du aus, mein Freund?«

»Vier Grenzen, nächste Haltestelle.«

»Da hätte ich noch was.« Er zückt einen Ausweis. »Allgemeine Fahrscheinkontrolle. Ich weiß, es ist spät, aber dürfte ich dein Ticket sehen?«

Mist. Ich wühle alle Taschen durch. Nichts. Zähneknirschend zahle ich 40 Euro Strafe.

Nicht, dass mich sein handgeschriebener Zettel mit der Aufschrift »Auhswiß« sonderlich beeindruckt hätte. Aber mit dem Satan lege ich mich nicht an.

42

Feng-Shui gegen das Gerümpel im Bücherschrank

Das Jahresende ist die Zeit der Veränderungen, vor allem wenn Andrea zu Weihnachten von meiner Schwester Karina ein Buch namens *Feng Shui gegen das Gerümpel im Alltag* geschenkt bekommen hat.

»Wir müssen ausmisten. Der ganze Müll, den wir nicht brauchen, belastet uns«, eröffnet mir meine Liebste.

Da kann was dran sein. Mein Kleiderschrank quillt über, dabei ziehe ich meistens nur eine Jeanshose und meinen Motörhead-Kapuzenpulli an. Ob Hochzeit oder Beerdigung, die Sachen passen immer.

»Gute Idee! Machen wir.«

»Super«, strahlt meine bessere Hälfte. »Ich habe gedacht, wir fangen mit den Büchern an. Wir haben so viele Krimis, die liest du sowieso nicht wieder. Und da du ständig Neues kaufst, brauchen wir Platz.«

»Aber die brauche ich als Krimiautor. Auch wenn ich sie schon gelesen habe, studiere ich sie oft ein zweites oder drittes Mal. Dann schaue ich auf Plot und Charaktergestaltung.«

»Wie oft hast du das schon gemacht?«

»Okay, aber ich will damit anfangen. Habe ich mir fest für das neue Jahr vorgenommen.«

Andrea sieht mich mitleidig an.

»Stell dich nicht so an. Wenn du ein Buch zwei Jahre lang nicht mehr gelesen hast, kann es weg. Du klagst doch auch, dass wir so wenig Platz haben.«

Sie hat recht. Wir müssen uns von Büchern trennen, insbesondere ich, denn gefühlte 70 Prozent unseres Bestands gehören mir. Wir beschließen, eine Kiste mit überflüssigen Büchern zu packen, die wir Karina geben werden. Die arbeitet in der Stadtbibliothek und hat sicherlich Verwendung für unsere Schätze.

»Nicht den *Harry Hole*. Das ist eines der Glanzstücke meiner Krimisammlung«, protestiere ich gleich beim ersten Buch. »Warum nicht deine *Harry-Potter*-Romane?«

»Weil wir erstens deinen *Nesbo* doppelt haben und ich zweitens *Harry Potter* erst vor einem Monat gelesen habe.«

Das sind stichhaltige Argumente. Da ich ein harmoniesüchtiger Zeitgenosse bin, halte ich mich mit weiteren Diskussionen zurück. Da soll Andrea entscheiden. Dennoch schmerzt jedes einzelne Buch, das im Karton verschwindet.

Schließlich laden wir Karina für Samstag zum Frühstück ein. Nach dem Essen bietet Andrea ihr unseren Bücherkarton an.

»Sorry. Das ist eine Heidenarbeit, so was einzuarbeiten. Nett gemeint, aber damit tut ihr der Bibliothek keinen Gefallen. Versucht es doch auf dem Flohmarkt.«

Dazu haben weder Andrea noch ich Lust.

Als Karina geht, drücke ich ihr im Treppenhaus die versprochene Schachtel Pralinen in die Hand.

»Ich lüge Andrea nie wieder an! Das war eine absolute Ausnahme, weil du so an den Büchern hängst.«

»Wird nie wieder vorkommen«, verspreche ich ihr.

»Schade, dann müssen wir die Bücher doch behalten«, sage ich später zu Andrea.

»Das wäre doch gelacht. Irgendeinem müssen wir doch mit unseren Büchern eine Freude machen können. Ich habe eine Annonce im *Stadtanzeiger* aufgegeben. Die sind spätestens nächste Woche in guten Händen.«

Am Mittwoch erscheint der *Stadtanzeiger*. Als ich von der Arbeit komme, begrüßt mich Andrea freudestrahlend.

»Es kommt gleich einer vorbei, der alles abholen will. Ich habe eine zweite Kiste gepackt, damit es sich richtig lohnt.« Ich kontrolliere diesen Karton nicht. Das würde meine Depression verstärken. Noch heute verlassen mich meine Bücher. Ich unterdrücke meine Tränen.

Um 17 Uhr klingelt es. Viele Füße stampfen das Treppenhaus hoch. Vor uns stehen drei stabil gebaute Männer in blauen Latzhosen. Alle tragen Arbeitshandschuhe.

»Moin, ich bin Koslowski. Wo sind denn die guten Stücke?«

Wir führen die Truppe ins Wohnzimmer.

»Das hätten sie schon zusammenlegen können. Gut, dass ich meine Brüder mitgebracht habe.«

Andrea und ich schauen uns an. Eigentlich ist es kein großer Aufwand, zwei Kisten nach unten zu tragen.

»Können Sie den Raum verlassen? Dann lässt es sich leichter arbeiten.«

»Warum denn das?«, frage ich erstaunt.

Koslowski runzelt die Stirn. »Nichts für ungut, Mann. Sie haben wahrscheinlich nie im Leben malocht. Ich erkläre es Ihnen trotzdem. Wenn Sie auf dem Teppich stehen, können wir ihn nicht zusammenrollen. Leuchtet das ein?«

»Schon. Aber es geht um die Bücherkisten, nicht um unsere Teppiche.«

»Warum schreiben Sie dann, dass Sie Teppiche verkaufen wollen? Hä? Meinen Sie, ich habe meine Zeit gestohlen?«

Wütend hält er mir den *Stadtanzeiger* unter die Nase. Die Annonce mit den Teppichen steht unter unserer. Eine Verwechslung.

»Unsere Teppiche werden leider nicht verschenkt. Vielleicht wollen Sie die Bücher mitnehmen?«, fragt Andrea.

Mir zieht sich alles zusammen. Meine Schätze bei diesem Vollidioten?

Zum Glück sagt Koslowski »Was soll ich mit Büchern? Ich bin doch nicht schwul. Sie hätten aber Ihren Mist nicht über den

Teppich setzen sollen. Da ist doch klar, dass man das verwechselt. Intelektuellenpack.«

»Es ist wirklich schwierig, Dinge zu verschenken«, stellt Andrea fest. »Dann müssen wir sie doch wegschmeißen. So sehr uns das schmerzt.«

Mir kommt eine Idee. »Joe hat mir neulich erzählt, dass er im neuen Jahr mehr für die Bildung tun will. Er wird sich über die Bücher freuen.«

»Das wäre super. Frag ihn.«

Noch am selben Tag holt Joe die Kisten ab. Im Hausflur sagt er: »Ist aber schon seltsam, ein Weihnachtsgeschenk nachträglich einzufordern. Und du willst immer in die Kiste reinschauen können? Mal sehen, was Ingrid dazu sagt.«

Ich umarme Joe und wünsche ihm noch einmal frohe Weihnachten, obwohl das Fest schon knappe 14 Tage zurückliegt.

Doch am Abend erreichen mich schlechte Nachrichten. Als Joe die Kisten in der heimischen Küche lagern wollte, wurde Ingrid fuchsteufelswild. Sie sieht es nicht ein, unseren Sperrmüll aufzuheben. Bis die Kisten nicht aus ihrer Wohnung verschwunden sind, darf ich aber keinen Fuß über ihre Türschwelle setzen. Das gefällt mir natürlich auch nicht.

Am nächsten Morgen arbeitet Ingrid, und ich hole die Kartons wieder ab.

Joe lächelt verlegen. »Tut mir leid, Mann. Ich hatte Ingrid für lockerer gehalten, aber sie hat gerade so ein Feng-Shui-Buch gelesen. Seitdem kommt kein Krempel mehr ins Haus. Frauen ...«

Ich überlege, was ich mit den Büchern machen soll. Vielleicht muss ich mich doch von ihnen trennen. Andrea kann ich sie nicht wieder ins Haus schleppen.

Mit Tempo 30 schleicht mein Escort Richtung Recyclinghof. Bücher wegschmeißen ist wirklich hart, ohne je wieder reinschauen zu können. Doch schließlich erreiche ich mein Ziel: dem Friedhof meiner Bücher. Als ich die Kiste öffne, um meine Lieblinge der ewigen Verdammnis zu überantworten, kommt ein Mitarbeiter auf mich zugelaufen.

»Was machen Sie da?«, fragt er zornig.

»Wonach sieht es aus? Bücher entsorgen. Ich mache das auch nicht gern.«

»Aber doch keinen Chuck Palahniuk!« Er zeigt auf *Fight Club* in meiner Hand. »Das wollte ich schon immer lesen. Kann ich die Bücher haben?«

Ich bin glücklich. Jetzt leben meine Bücher bei Robert. Er hütet sie besser als seinen Augapfel. Ich kann sie jederzeit sehen und mir was ausleihen. Seltsamerweise habe ich von diesem Angebot bisher keinen Gebrauch gemacht. Aber ich könnte.

43

Das Tantra der Spülmaschine

Kinder zeigen eine Neugier, die uns Erwachsenen oft verloren gegangen ist. Max stellt Fragen, auf die ich nicht kommen würde, wenn ich mit meinem Kumpel Joe in Charlies Eck beim 20. Bierchen die Weltgeschichte erörtere, geschweige denn auf passende Antworten, zumindest versuche ich mein Bestes.

»Kommen wir in den Himmel, wenn wir sterben?«

»Ich weiß es nicht, denn bisher bin ich nicht gestorben.«

Der Junge blickt mich erschüttert an.

»Aber ich bin mir sicher, dass wir uns wiedersehen«, schiebe ich rasch hinterher.

Max ist beruhigt.

»Warum leuchtet die rote Lampe an der Spülmaschine?«

»Es fehlt Salz.«

»Darf ich das Salz einfüllen?«

»Klar.«

Max schüttet eine ganze Packung in den dafür vorgesehenen Behälter. Die Lampe leuchtet noch immer.

»Warum leuchtet die Lampe jetzt?«

»Wie es scheint, fehlt noch immer Salz.«

»Und jetzt?«

»Wir fragen Mama«, beschließe ich. Die arbeitet gerade an einem Exposé.

»Unsere Spülmaschine frisst Salz wie das Krümelmonster Kekse.«

»Ja, und?«, fragt Andrea etwas ungeduldig.

»Wenn die Spülmaschine ohne Salz läuft, geht sie bald kaputt.«

»Das weiß ich. Bist du so lieb und kümmerst dich darum?«

»Ich bin Schriftsteller, kein Handwerker, geschweige denn Küchengeräteserviceman oder wie diese Leute heißen.«

»Haushaltsgerätetechniker. Sie heißen Haushaltsgerätetechniker, glaube ich zumindest. Vielleicht rufst du einfach einen an. Ich finde Männer, die sich selbst helfen können, sexy.«

Das überzeugt. Ich rufe ein Geschäft auf unserer Straße an. Herr Meier würde gern unsere Spülmaschine inspizieren. Allerdings kostet sein Besuch mindestens 150 Euro, ohne dass etwas repariert ist. Ich bedanke mich. Wer kann mir noch weiterhelfen?

Ich poste mein Problem auf Facebook. Zehn Minuten später haben 50 Leute meinen Post geliked oder mit Smileys kommentiert. Danke schön.

Plötzlich postet Ariadne: *Ich kann dir helfen.* Aha! Ich kenne sie nicht persönlich, aber bei 3.500 Facebook-Freunden kann ich auch nicht jedem die Hand geschüttelt haben. Sie wohnt in München. Für einen Spontanbesuch in Norddeutschland etwas weit, finde ich.

Wie willst du mir denn helfen? Arbeitest du in einer Spülmaschinenfabrik?

Ich bin Medium. Ich kann die Energien des Gerätes aufspüren und kanalisieren.

Super, von Esoterik halte ich nicht viel. Andrea räuchert manchmal gegen schlechtes Karma, da stinkt die Wohnung den ganzen

Tag. Aber warum nicht? Ariadne ist bestimmt günstiger als der Techniker von nebenan.

Mach mal, ich bin für alles offen.

Kaum habe ich gepostet, kommt Andrea ins Zimmer, in der Hand das Telefon.

»Das ist ein Medium aus München für dich«, sagt sie, der Unterton nur leicht spöttisch.

»Ja, danke«, antworte ich verlegen. »Eine frühere Kommilitonin. Medium ist ihr Spitzname.«

Andrea grinst nur.

»Ariadne hier. Ich brauche deine genaue Adresse. Außerdem sage bitte, wo die Spülmaschine in eurer Wohnung steht.«

»Woher hast du meine Telefonnummer?«, frage ich.

»Hallo? Ich bin ein Medium, schon vergessen?«

»Und warum weißt du dann nicht, wo unsere Spülmaschine steht?«

»Willst du diskutieren oder Hilfe? Ich habe noch diverse Reparaturanfragen zu bearbeiten.«

Ich denke schaudernd an die Technikerpreise und gebe ihr die gewünschten Informationen.

»Ja, ich fühle deine Maschine. Die Leitungen sind dunkel und blockiert. Starke Verschmutzungen. Ich lasse die Energie wieder fließen. Du solltest einen Tantra-Kurs machen.«

»Ich, wieso?«

»Weil das Problem mit dir zu tun hat. Meinst du, die Spülmaschine geht von allein kaputt? Du musst auch etwas zur Reparatur beitragen. Salz braucht sie momentan nicht mehr. Viel Erfolg beim Spülen!«

Tantra-Kurs! Die Frau ist doch nicht ganz knusprig unter der Schädeldecke. Ich stiefele zur Spülmaschine und schalte sie an. Ich fasse es nicht. Die Salzanzeige leuchtet nicht mehr.

Am Abend fragt Andrea: »Wie hast du denn die Spülmaschine wieder hinbekommen?«

»Manchmal kann ich zaubern«, behaupte ich.

Meine Liebste schaut verwundert. »Das wäre mal was Neues, aber ich komme darauf zurück.«

»Hast du Lust, einen Tantra-Kurs zu besuchen?«

»Warum nicht? Ich bin für alles offen. Aber ist das nicht ein wenig zu heftig für dich, schließlich bist du eher introvertiert. Beim Tantra musst du dich völlig öffnen, habe ich gehört.«

Ich schlucke. »Vielleich doch keine so gute Idee. Solange die Spülmaschine läuft, brauchen wir das nicht.«

»Was hat Tantra mit unserer Spülmaschine zu tun?«

»Manchmal rede ich wirres Zeug«, erkläre ich. Meine Liebste nickt.

Eine Woche später sind meine Autoreifen fast platt. Ich fahre zur Tankstelle und pumpe sie wieder auf. Am nächsten Tag dasselbe Spiel. Um einen Platten kann es sich nicht handeln, dann wäre nur ein Reifen leer. Ich poste mein Problem bei Facebook. Wieder viele unerklärliche Likes. Helfen kann mir keiner. Bis meine bessere Hälfte mit dem Telefon ins Arbeitszimmer kommt.

»Diese Medium schon wieder.«

»Gut, dass du anrufst. Die Spülmaschine funktioniert tadellos«, freue ich mich.

»Keine große Sache, ich helfe gern. Hast du einen Tantra-Kurs besucht?«

»Fast, die waren alle ausgebucht. Zurzeit arbeite ich mich theoretisch in die Materie ein«, schwindele ich.

»Gut, bleib am Ball. Wie sieht dein Auto aus, und wo steht es?«

Ich informiere Ariadne bereitwillig.

»Ich sehe Dunkelheit. Du willst starten, doch den Rädern fehlt der Mut. Gibt es eine solche Situation in deinem Leben?«

»Da muss ich drüber nachdenken. Ad hoc fällt mir nichts ein.«

»Ich versiegele deine Reifen, das Problem ist gelöst, allerdings nur oberflächlich. Du musst deine Träume mutig verfolgen, dann behalten die Räder ihre Luft.«

»Danke, Ariadne. Kann ich was für dich tun?«

»Gehe deinen Weg, das ist genug Belohnung für mich.«

Drei Wochen später fragt meine Liebste: »Was macht eigentlich das Auto, verlieren die Reifen noch immer Luft?«

»Nein, alles in Ordnung.«

»Hast du den Wagen in die Werkstatt gebracht?«

»Du wirst lachen. Das Problem ist einfach verschwunden, wie durch Magie.«

Andrea runzelt die Stirn.

»Mal was anderes. Hast du gesehen, dass im Wohnzimmer Feuchtigkeit von draußen eingedrungen ist? Die Tapete müsste dringen übergestrichen werden.«

»Ich kümmere mich darum«, verspreche ich. Diesmal rufe ich selbst in München an.

»Du schon wieder. Wie läuft der Tantra-Kurs?«, fragt Ariadne, ohne dass ich meinen Namen genannt habe.

»Prima, ich entdecke täglich neue Gipfel der Sinnlichkeit«, behaupte ich, während ich genussvoll ein Stück Chili-Kirsch-Schokolade verputze.

»Soso, das gibt Hoffnung. Was willst du heute?«

»Eine Wand muss gestrichen werden. Ich habe zwei linke Hände. Kannst du mir helfen?«

Ariadne lacht.

»Natürlich. Ich fühle Kälte und habe die Energien mit Wärme gewaschen. Du musst allerdings jeden Tag in dem Raum trommeln. Dann sieht sie in einer Woche wie neu aus. Bekommst du das hin?«

Natürlich, Trommeln ist einfach. Dafür muss ich mich auch nicht vor einem Haufen wildfremder Menschen ausziehen. Ich gehe zu einem Musikalienhändler und erwerbe ein Tamburin.

Es gibt allerdings kleine Unstimmigkeiten mit Andrea, als ich abends im Wohnzimmer trommele, während sie arbeiten muss.

»Du hast kein Rhythmusgefühl, Michael. Deine musikalischen Versuche sind unerträglich.«

Ich versichere, dass meine Musik von höheren Mächten geleitet wird. Das hört Mensch allerdings nicht sofort. Andrea ist sauer, sagt aber nichts. Nach einer Woche ist die Stimmung in unserer Familie wirklich angespannt. Max fragt mich, ob ich nicht mit seiner Keyboard-Drumfunktion trommeln und mir das klägliche Ergebnis über Kopfhörer zu Gemüte führen kann.

»Das funktioniert so nicht«, behaupte ich. Frau und Sohn verlassen das Haus, gehen mir aus dem Weg und haben abends neuerdings Veranstaltungen, obwohl Max sonst immer spätestens um 20 Uhr ins Bett muss. Und die Flecken auf der Tapete lachen mich immer noch höhnisch an. Ich lege mein Tamburin frustriert beiseite. und rufe mein Medium Ariadne an.

»Was macht der Tantra-Kurs?«

»Läuft super! Hallo erst mal. Deine Energiewaschung der Tapete und mein Trommeln haben bis jetzt noch keinen Erfolg gezeigt. Ich bin etwas frustriert. Muss ich mir Sorgen machen?«

Ariadne lacht schallend.

»Was?«, frage ich.

»Glaubst du ernsthaft, dass Trommeln und Energie deine Tapete verschönern? Du bist wirklich naiv. Greif dir endlich einen Pinsel und streich die Wand. So einen Faulpelz wie dich habe ich noch nie erlebt.«

Sie legt auf. Ich überlege, ob ich mich deprimiert fühlen soll, denke dann, das hilft jetzt auch nicht. Ich hole einen Eimer Farbe aus dem Keller und streiche die Wand. Gar nicht so schwierig.

Als Andrea und Max nach Hause kommen, rufen sie unisono: »Was ist denn hier passiert?«

»Ich habe die Wand verschönert.«

»Das sehen wir«, schlägt Andrea die Hände über dem Kopf zusammen. »Aber warum hast du den Boden nicht abgedeckt?«

Das weiß ich auch nicht. Leider fehlt mir der Mut, Ariadne anzurufen, daher putze ich mit Andreas Hilfe. Max schlägt das Tamburin. Gibt wirklich Energie.

44

Wenn der Götterbote klingelt

Ich brauche zu Recherchezwecken das *Stadtlexikon Hannover*. Weil ich gern faul bin, ordere ich das Buch über das Internet. Das Antiquariat sagt mir zu, dass der Wälzer morgen geliefert würde. So liebe ich das. Ich muss mein Büro nicht verlassen und kann ungestört weiterarbeiten.

Am nächsten Morgen klingelt es. Andrea blickt auf den Monitor des Türöffners und betätigt den Knopf. »Hermes. Ist bestimmt dein Buch.«

Alles klar! Ich freue mich. Allerdings kommt niemand die Treppe hoch. Ich gehe selbst zum Bildschirm. Dort sehe ich den Rücken des Paketboten. Ich drücke wild auf den Türöffnungsknopf und brülle »Nach oben kommen, wir sind da!« in die Gegensprechanlage. Der Bote dreht sich um und wackelt kurz mit dem Kopf. Dann dreht er wieder um und verschwindet. Ich rase die zwei Treppen ins Erdgeschoss hinunter und renne auf die Straße. Der Hermes-Mann biegt gerade um die Ecke. »Bleiben Sie stehen. Bressers sind zu Hause!«

Er beschleunigt seine Schritte. Während ich zu rennen beginne, merke ich, dass ich noch nicht mal Schuhe angezogen habe. Was solls? Leider ist der Hermes-Bote schneller. Er setzt einen Spurt wie Usain Bolt an und verschwindet in einem klapprigen Lieferwagen, der sich sofort in Bewegung setzt. Immerhin schaffe ich es noch, auf seine Heckscheibe zu trommeln. Leider bemerkt er mich nicht und braust innerhalb von zehn Sekunden außer Sichtweite.

Wieder zu Hause, rufe ich die Hermes-Homepage auf und lese dort: »Ihre Bestellung wurde zugestellt. Vielen Dank für Ihren Auftrag.« Ich suche zehn Minuten die Rufnummer einer Servicehotline. Leider finde ich nichts. Im Kleingedruckten entdecke ich immerhin eine E-Mail-Adresse. Dorthin richte ich meine Beschwerde und frage, wohin mein Paket zugestellt wurde.

»Erzählst du nicht immer, Bestellungen übers Internet kämen schneller an?«, spottet Andrea.

»Morgen ist es da. Das war nur ein Missverständnis«, behaupte ich.

Am nächsten Tag antwortet Hermes. *Sehr geehrter Herr Bresser, Ihr Paket wurde im Hermes-Shop zugestellt. Dort liegt es für Sie zur Abholung bereit.*

Danke für die Auskunft. Ich wäre aber über die Info dankbar, wo dieser Hermes-Shop liegt. Selbst ist der Mann. Ich recherchiere im Internet und finde heraus, dass es im Umkreis von einem Kilometer ganze acht Hermes-Stützpunkte gibt. Ohne stabile Psyche würde mich dieser Paketzusteller in eine schwere Krise stürzen.

Also muss ich doch das Haus verlassen. Passt mir nicht, aber ich habe keine Wahl. Der erste Shop liegt in einer Wäscherei. Die Inhaberin scheint Polin zu sein und spricht nur rudimentär deutsch.

»Jacke reinigen?«

»Nein, Paket abholen. Haben Sie etwas für Bresser bekommen?«

»Bresser nicht kennen. Haben Zustellbescheinigung?«

Habe ich nicht.

»Wenn Paket von Hermes, immer Zustellbescheinigung.«

Ich bitte sie, trotzdem die 500 hinter einem Plastikvorhang gelagerten Pakete zu durchsuchen.

»Habe ich doch gesagt: Keine Zustellbescheinigung, kein Paket«, sagt sie nach zehn Minuten hektischer Suche. »Vielleicht in anderes Geschäft. Nix Hermes.«

Der nächste Shop liegt nur 20 Meter die Straße hinunter in einem Beerdigungsinstitut.

»Oh, da muss ich erst mal unsere Bestände sichten«, verkündet Herr Notnagel, der Bestatter. »Wollen Sie in der Zwischenzeit unsere Prospekte sichten?«

Ich versichere, dass ich momentan kein Interesse an seiner Dienstleistung habe.

»Kann sein. Aber wenn der Notfall eintritt, ist es meist zu spät. Kaufen Sie ein schickes Modell jetzt, und ich gebe Ihnen 30 Prozent

Rabatt. Was halten Sie von diesem Eichensarg Typ Gottlieb? Wäre das nichts für Sie?«

Eine halbe Stunde später dackele ich ohne Paket, dafür mit diversen Bestattungskatalogen zum nächsten Shop. Dieser ist an »Eckis Fresstempel« angeschlossen. Die Pakete liegen hier in einer Dunstflocke von Pommesfett und Curry, aber Ecki wird fündig. Er drückt mir ein längliches Päckchen in die Hand.

»Viel Spaß mit dem Teil«, zwinkert er mir zu, als ob er die Stadtgeschichte Hannovers zu schätzen wüsste.

Warum nicht? Man schaut nur auf die Fassade und nicht in die Seele.

Zu Hause wundere ich mich ein wenig über das seltsame Format, öffne aber freudig das Paket. Im Innern finde ich einen Dildo der Firma »Sexy Toys«. Seit wann verschicken Antiquariate Sexspielzeuge? Langsam bin ich ein wenig unangenehm berührt. Ich schaue auf das Paketetikett: Adressiert an Willa, selbe Straße, andere Hausnummer. Super, dabei hat sich Ecki sogar meinen Personalausweis zeigen lassen. Ich habe den Papp auf. Nie wieder Hermes! Lieber hole ich Pakete selbst ab. Ich schreibe an das Antiquariat eine saftige Beschwerde und verlange ein neues Exemplar. Mit zehn Ausrufezeichen weise ich nicht ganz so höflich darauf hin, dass ich auf keinen Fall eine Zustellung über die Götterboten wünsche. Der Antiquar entschuldigt sich und sichert mir sofortige Neulieferung zu. Jetzt wird alles gut.

Am nächsten Morgen klingelt es. Andrea blickt auf den Monitor des Türöffners und betätigt den Knopf.

»UPS. Ist bestimmt dein Buch.«

Alles klar! Ich freue mich. Allerdings kommt niemand die Treppe hoch. Ich gehe selbst zum Bildschirm. Dort sehe ich den Rücken des Paketboten. Ich drücke wild auf den Türöffnungsknopf und brülle »Nach oben kommen, wir sind da!« in die Gegensprechanlage. Der Bote dreht sich um und wackelt kurz mit dem Kopf. Dann dreht er wieder um und verschwindet.

Seitdem kaufe ich Bücher nur noch im Geschäft.

45

Machs noch einmal, Wollo

Jeder Mensch braucht Vorbilder, selbst ich. Ephraim Kishon schrieb unvergleichbar komische Geschichten mit zeitlosem Humor. Zu ihm schaue ich gern auf. Mahatma Gandhis gewaltloser Widerstand hat zum Ende der britischen Kolonialherrschaft in Indien beigetragen. Ich wäre froh, wenn meine Texte nur ein Hundertstel Promille bewirken würden. Mahatma ist mein Held.

Ein weiteres Vorbild ist mein Freund Andreas Schmidt. Der versteht es, Geld anzuziehen und bei sich zu behalten. Eine insbesondere für Autoren nicht zu unterschätzende Eigenschaft. Andi ist personifizierter Erfolg. Da in seinem Unternehmen noch weitere Andreas Schmidts beschäftigt sind, wurde ihm die E-Mail-Adresse andreas.schmidt248@teledom.de zugeteilt. Er schrieb sofort eine Beschwerde an die Konzernleitung, dass ihm bei seiner Arbeitsleistung andreas.schmidt1@teledom.de zustehen würde, und die gab ihm recht. Allerdings konnten aus organisatorischen Gründen die Adressen nicht getauscht werden, aber 2.000 Euro Schmerzensgeld im Monat sind auch nicht zu verachten.

Andi und Kerstin wohnen in Waldhausen. Wer diesen hannoverschen Stadtteil kennt, empfindet Schwabing und Blankenese als Armenghettos. Die Millionenvilla von Exkanzler Schröder wird von den Nachbarn hinter vorgehaltener Hand als sozialer Wohnungspfusch bezeichnet. Immer brachte Gerhard eine Armee von Personenschützern ins Viertel. Das gefällt den paranoiden Waldhausenern. Selbst die Gullideckel sind dort mit Stacheldraht und Selbstschussanlagen ausgestattet. Andi hat die Villa im Park auf einer Zwangsversteigerung für einen Appel ohne Ei hinterhergeschmissen bekommen. Diesen Geschäftssinn besäße ich auch gern.

Heute heiraten Andi und Kerstin. Die standesamtliche Trauung fand am Morgen ohne Gäste im Alten Rathaus statt.

»Sekt und Schnittchen am Morgen verursachen frühzeitigen Kater. Das will keiner«, erklärt mir Andi.

Die Hochzeitsfete findet in einer Schrebergartenkolonie statt. Andis Vater gehört dort eine Parzelle. Auf dem Gelände hat Andi ein Bierzelt aufgestellt. Asiatische Lampions mit Drachen und Geishas dekorieren die Räumlichkeit. Die wurden bestimmt im Ein-Euro-Shop verramscht. Warum nicht. Die Atmosphäre ist ruhig und entspannt. Ich kenne viele Gäste – Ärzte, Manager, Professoren. Wenn es dazu nicht gereicht hat, haben sie wenigstens ein juristisches Examen in der Tasche.

»Die Getränke sind Produktionsüberschüsse. Die habe ich für einen Spottpreis bekommen. Das Buffet war auch ein Schnäppchen. Der Hirsch ist zufällig vom Lkw gefallen. Ich wette, so preiswert und stilvoll zugleich hat noch niemand geheiratet.«

Andi zählt die Scheine meines Präsents und trägt die Summe zufrieden in ein Notizbuch ein.

»Aber das Highlight ist DJ Godo. Den habe ich inklusiv Anlage für schlappe 100 Euro gebucht. Der bietet ein speziell für meine Gäste zugeschnittenes Unterhaltungsprogramm, und eine Überraschung hat er auch noch in petto. Was das ist, hat er noch nicht mal mir verraten.«

Es fasziniert mich immer wieder, was Andi für kleinstes Geld auf die Beine stellt. Wir holen uns Hirsch mit Rotkohl und Preiselbeeren vom Buffet und schlemmen friedlich vor uns hin. Aus den Boxen säuselt Sinatras *My Way*. Alles ist schön bis …

»Hallo Hannover! Seid ihr bereit für die Party des Jahres?«, dröhnt es aus den Boxen. Alle zucken zusammen, alle schweigen, schließlich sind Teller und Münder gefüllt.

»Hannover, ich höre nichts!«

Das Schweigen wird leiser, bestimmt um die 50 Dezibel. Alle bestaunen DJ Godo gebannt, als stünde eine Mischung aus Giraffe und Nilpferd auf der Bühne und würde die Heilige Schrift rezitieren – rückwärts. Dann setzt entrüstetes Getuschel ein.

Unser Sohn sagt: »Ein lustiger Mann.«

Der Meinung ist er allerdings allein.

»Ihr werdet heute feiern, bis die Schwarte kracht. Begrüßt meinen alten Freund Wollo.«

Ein kleiner, dicker Mann im roten Bademantel hüpft neben Godos DJ-Pult. Er trägt eine quadratische Brille und eine Zipfelmütze auf dem Kopf.

»Hallo Hannover! Seid ihr da? Ich bin der Partygott. Wollt ihr Party machen?«

Wollen wir nicht, zumindest nicht mit Wollo und Godo. Doch es handelt sich um eine rhetorische Frage, denn ohrenbetäubende Musik knallt durch den Raum. Und schon geht sie los: die *Polonäse Blankenese*. Während Wollo trällert, zieht Godo die Leute von den Sitzen. Kartoffeln fallen auf den Boden, Bierschaum spritzt. Egal, jetzt geht die Party richtig los. Doch gute Laune versprüht nur Godo, und der Bräutigam, dessen kompletter Körper grinst. Die anderen hetzen mit verkniffenen Gesichtern hinter dem DJ her. Als er an unserem Tisch vorbeikommt, reißt er auch an mir. Doch ich hocke auf der Bank wie ein Fels.

»Komm, sei kein Spielverderber«, herrscht mich Godo an.

»Ich habe keine Zeit für dich.« Seelenruhig beiße ich in eine Preiselbeere.

Godo mustert mich finster. »Das merke ich mir.«

Gott sei Dank stoppt die Polonaise hinter Wuppertal, und es herrscht wieder Ruhe, zumindest für zehn Sekunden. Dann singt Wollo in ohrenbetäubender Lautstärke seinen neusten Hit *Ich bin doch nicht der Weihnachtsmann, der es allen Frauen besorgen kann*. Die Erwachsenen schweigen pikiert, den Kindern scheint es allerdings zu gefallen. Sie bauen sich vor Wollo auf und klatschen dem Mann im roten Bademantel zu. Als Wollo geendet hat, will der DJ spielen. Er hat auch bereits einen Kandidaten auserkoren.

»Mein schmaler Freund, begleite mich doch bitte auf die Bühne.« Er grinst mich dreckig an.

Das würde mich nur peripher tangieren, wenn nicht Andi aufmunternd brüllen würde: »Michael! Michael!«

Da kann ich schlecht Nein sagen.

»So, mein Junge, das hier ist die Chantal, meine Freundin und Assistentin.«

Eine Blondine mit Kylie-Minogue-Dauerwelle und offenem Dekolleté lächelt ins Publikum. Sie legt mir eine Binde über die Augen, dann muss ich Sachen fühlen. Glitschiger Kram. Ah, Hirsch mit Preiselbeeren. Sehr lustig. Ich höre vereinzeltes Gelächter. Schleimige Flüssigkeit. Rate ich auch nicht. Slimy. Aha. Mittlerweile zweifele ich an Andis These, dass günstig immer das Beste ist, zumindest ein bisschen.

»Und wenn unser Michael jetzt das Richtige errät, gewinnt er den Hauptpreis. Eine Karte für Wollos Konzert in Charlies Eck.«

Super, das freut mich aber. Chantal führt meinen Finger in eine glitschige Öffnung. Das ist doch nicht etwa … Nein, das kann nicht sein. Ich reiß mir die Binde von den Augen. Chantal dreht sich um und schließt die Hose. Vereinzeltes Gelächter. Ich fühle mich erniedrigt, was nicht oft vorkommt.

»Auch das hat unser Michael nicht erraten. Schade! Gönn dir noch etwas Hirschkeule. Unser Wollo rockt die Party mit seinem Megahit *Machs mir noch einmal Wollo*.«

Als ich bedröppelt zu meinem Platz schleiche, klopft mir Andi auf die Schulter.

»War doch lustig, Michael. Mach nicht so ein Gesicht. Für 100 Euro liefert Godo doch eine Riesenshow.«

Wenn ich in die Gesichter der anderen Gäste schaue, fühlen die sich ähnlich gut amüsiert wie ich. Einige sprechen Andi an, doch der besänftigt sie und jubelt Godo zu.

»So, und jetzt bitte ich das glückliche Brautpaar auf die Bühne.«

Andi und Kerstin wollen nicht, aber da haben sie die Rechnung ohne Godo gemacht. Der schickt seinen Gehilfen Wollo los, der die beiden nach vorne zerrt.

Auch ihre Augen werden verbunden. Ich gestehe, dass ich Andi diesen Spaß gönne. Warum soll nur ich blamiert werden? Diesmal geht es ums Schmecken. Salat wird sofort von beiden geraten. Als Nächstes gibt es Regenwürmer. Bah! Mich wundert, dass die beiden noch nicht das Handtuch schmeißen. Sie wirken ziemlich angefressen. Dem Grinsen der übrigen Gäste nach zu urteilen, tut das niemandem leid. Chantal holt zwei längliche Gegenstände aus ihrem Beutel, präsentiert sie grinsend der Hochzeitsgesellschaft. Ein leidendes Stöhnen geht durchs Publikum. Ein neuer Höhepunkt.

»Erst vorsichtig dran lecken, dann lutschen«, empfiehlt Godo.

Als Andi sich das Objekt in den Mund schiebt, lachen alle. Kaum zu glauben. Andi reißt sich die Binde von den Augen.

»Du lässt mich einen Dildo lutschen?«, fragt er ungläubig.

»Du wolltest Party, du bekommst Party, mein Freund«, strahlt Godo.

»Party, Party«, skandiert Wollo.

»Jetzt geht die Luzie ab«, freut sich Chantal.

»Von nun an gelten andere Regeln«, erklärt Andi. »Keine Spiele, keine deutsche Musik und kein Wollo-Auftritt. Haben wir uns verstanden?«

»Ausgeschlossen! Du wolltest Party, du bekommst Party«, wiederholt sich Godo.

Dann flüstert er Andi etwas ins Ohr. Der nickt. Er hastet zum Geschenktisch, rafft diverse Scheine zusammen und drückt diese wenig später Godo in die Hand.

»Gut«, sagt dieser. »Ihr wollt es ja nicht anders. Ihr hättet die beste Party haben können, die Hannover je erlebt hat. Müsst ihr mit leben. Nicht mein Problem. Spaßbremsen!«

Fortan läuft ein angenehmer Musikmix aus verschiedenen Jahrzehnten. Wollo und Chantall verlassen die Feier, DJ Godo steht mit verschränkten Armen neben seiner Anlage.

»Es hat mich 1.000 Euro gekostet, die Party dieses Wahnsinnigen zu stoppen«, seufzt Andi.

»Manchmal ist billig die schlechte Alternative«, feixe ich.

»Warum?«, fragt Andi erstaunt. »Der zweitgünstigste DJ hat 1.500 verlangt. Sollte ich noch einmal heiraten, würde ich Godo wieder engagieren, nur ohne Wollo.«

Mittlerweile suche ich mir ein neues Vorbild für meine Finanzen. Es ist nicht einfach.

46

Für Risiken und Nebenwirkungen

Ich wache auf und fühle mich schlecht. Der Schädel brummt und vibriert wie ein Presslufthammer, die Nase ist verstopft. Ich könnte mich meinen Leiden hingeben, die Aufmerksamkeit meiner Lieben erregen und mich den ganzen Tag verwöhnen lassen. Warum nicht? Doch ich bin ein Mann. Männer stecken solche Kleinigkeiten locker weg. Augen zu und durch! Der Clint Eastwood unter den Autoren, so einer bin ich.

»Schatz, mir gehts nicht gut, fette Erkältung. Ich kann heute nicht arbeiten.«

Meine Liebste blickt mich prüfend an.

»Du siehst wirklich nicht gut aus. Nimm Vitamine zu dir und erhol dich! Ich bring Max zur Schule und habe dann einige wichtige Termine.«

Das war es schon mit Aufmerksamkeit?

»Max, mir geht es nicht gut, fette Erkältung. Du musst heute Abend mit Mama spielen.«

»Kein Problem, Michael, mache ich sowieso lieber. Ich muss jetzt zur Schule.«

Danke. Ich will keine Aufmerksamkeit meiner Familie, aber ein bisschen mehr Fürsorge würde meine Genesung beschleunigen. Was solls, selbst ist der Mann. Heile ich mich eben selbst.

Ich erinnere mich an die Lebensweisheit »An apple a day keeps the doctor away«. Lustlos schleiche ich in die Küche, beiße in einen Apfel, hocke mich an den Küchentisch und warte. Nach einer halben Stunde fühle ich mich immer noch nicht besser.

Vielleicht sollte ich Apfelstücke in die Nasenlöcher stopfen, um den Rotzfluss einzudämmen? Ich verwerfe den Gedanken, da die Äpfel Max als Beilage zum Pausenbrot dienen sollen. Das gäbe Ärger mit dem Filius. Das Sprichwort scheint zu lügen. Ich fühle mich hilflos, doch nur kurze Zeit.

Mir fällt ein, wer sich um mein Wohl sorgen könnte. Ich greife zum Telefon.

»Hallo Mama, ich bin krank.«

»Du Armer, was ist denn passiert?«

»Schnupfen, Gliederschmerzen, das volle Programm. Aber kein Mitleid, wir Männer sind hart. Das geht schon vorbei.«

»Du musst zum Arzt, Junge. Da soll man nicht mit spaßen. Die Frau Knoll von gegenüber hat auch eine Erkältung verschleppt. Die hat später eine Lungenentzündung bekommen und ist daran gestorben. Nein, nimm das nicht auf die leichte Schulter.«

»Du machst mir Angst. Kannst du mir einen Notarzt rufen? Ich schaffe das nicht mehr.«

Manchmal ist es schön, wenn andere sich um einen sorgen.

»Jetzt stell dich nicht so an, schließlich konntest du mich anrufen. Und gehen wirst du auch noch können.«

Ich sehe es kommen: Wenn ich an Lungenentzündung sterbe, werden meine Liebsten die Organisation der Beerdigung auch auf mich abwälzen.

»So tot ist er nun auch nicht, dass er nicht mit dem Bestatter reden könnte.«

Recht haben sie. Mann muss für sich selbst sorgen. Ich gehe ins Bad und dusche. Dabei fühle ich mich so neben der Spur, dass ich mir Nasentropfen unter die Achseln sprühe. Immerhin triefen die nicht mehr. Ein kleiner Erfolg. Im Internet suche ich den nächstgelegenen Hausarzt raus. Der praktiziert zwei Straßenbahnhalte-stellen stadteinwärts. Eine Viertelstunde später sitze ich in Dr. Rehwalds gähnend leerem Wartezimmer. Toll, da komme ich schnell dran. Andererseits: Lese ich nicht dauernd in der Presse, dass die Arztpraxen vollkommen überlaufen sind?

Ich blicke mich um. Die psychedelisch gesprenkelten Tapeten müssen in den 1970ern modern gewesen sein. Technisches Diagnoseequipment vermute ich auch nicht hinter der Tür zum Behandlungszimmer, allerdings haben selbst Druiden, Schamanen und mittelalterliche Heiler Erkältungen kuriert. Eine Standarderkrankung seit der Steinzeit, das muss er heilen können.

»Kommen Sie bitte hinein.«

Rehwald ist ein freundlicher älterer Herr, der Gemütlichkeit ausstrahlt.

»Darf ich um zehn Euro Praxisgebühr bitten.«

Er verstaut das Geld in einer Metallkassette und stellt mir in aller Gemütsruhe eine Quittung aus. Dabei philosophiert er über die Schwächen des Gesundheitssystems. Wäre er noch mal jung, würde er seine Karriere in Skandinavien starten. Er doziert über die Schönheiten Schwedens vom Polarkreis über Göteborg bis Stockholm. Sieht er nicht, wie sehr ich leide? Da zählt jede Sekunde.

»Sie sehen aber schlecht aus. Setzen Sie sich bitte auf die Liege, Gesicht zu mir.«

Endlich, er entwickelt bereits ein Diagnosekonzept.

»Aua.« Der Schlag mit dem Hämmerchen schmerzt so sehr, dass ich für einen Moment die Triefnase vergesse.

»Ich habe Schnupfen, keinen Bänderriss.«

»Ach, es schadet nie, die Reflexe zu prüfen. Sie waren immerhin noch nie bei mir.« Da schwingt ein vorwurfsvoller Unterton mit.

»Ziehen Sie bitte das Hemd hoch.« Ich huste schon beim Anblick des Stethoskops.

»Ihre Bronchien sind ganz schön belegt, dazu eine deftige Erkältung. Temperatur nur leicht erhöht. Da müssen wir was tun.«

Seine Untersuchungsergebnisse stimmen exakt mit meiner Selbstdiagnose überein. Linderung naht.

»Wie lange soll ich Sie krankschreiben? Eine oder zwei Wochen?«

»Ich bin selbstständiger Autor. Das nützt mir nichts. Ich hatte gedacht, dass sie mir Medikamente verschreiben. Die schmeiße ich ein und bin morgen wieder fit.«

»Sie haben Vorstellungen, junger Mann. Haha«, lacht er. »Da muss Mutter Natur helfen. Leider darf ich Ihnen nichts verschreiben, was hilft. So ist das mit den Krankenkassen heute. Ich empfehle Wadenwickel und heiße Zitrone. Lediglich ein Antibiotikum könnte ich notieren, aber das hilft Ihnen nicht.«

Wadenwickel und Zitrone … Ich fühle mich veralbert.

»Sie fragen sich bestimmt, warum Sie mir die zehn Euro Praxisgebühr gegeben haben.«

Ist das eine Fangfrage. »Jaaaaa …«

»Bedanken Sie sich bei Herrn Rösler und Kollegen, aber da muss man noch weiter in die Geschichte unserer Gesundheitspolitik zurück …«

»Verschreiben Sie mir dieses Antibiotikum.«

»Aber es nützt Ihnen nichts, im Gegenteil.«

»Herr Doktor Rehwald, ich bin sauer. Kurz vorm Dahinsiechen sind Sie nicht in der Lage, mir irgendetwas zu verschreiben, was mir Linderung verschafft. Ich will jetzt wenigstens dieses Antibiotikum.«

Rehwald versucht mich von meinem Wunsch abzubringen, vergeblich. Also verschreibt er mir eine Packung, wider besseres Wissen. Des Menschen Wille ist sein Himmelreich. Ich wäre aber auch verstockt. Vielleicht sollte ich mir für die Zukunft einen anderen Arzt suchen? Soll er mal reden. Ein Mann weiß selbst am besten, was für ihn gut ist.

Eine Stunde später bin ich zu Hause und nehme mit einem Schluck Wasser die erste Tablette zu mir. Oma Hertha hat immer gesagt: Antibiotikum hilft immer. Und der traue ich mehr als diesem Feld-, Wald- und Wiesendoktor. Plötzlich rumort es in meinem

Inneren. Bevor Schlimmeres passiert, stürze ich zur Toilette. Diesen Sprint wiederhole ich dreimal in der nächsten halben Stunde.

»Was haben Sie mir da verschrieben? Ich leide jetzt auch noch unter dem schlimmsten Durchfall meines Lebens«, fauche ich durchs Telefon.

»Ich habe Sie gewarnt«, entgegnet der Arzt unterkühlt. »Diese Medikamente können heftige Nebenwirkungen hervorrufen. Und helfen tun sie in Ihrem Fall auch nicht. Aber sagen Sie nicht, ich hätte Sie nicht gewarnt.«

Ohne sich zu verabschieden, legt er auf. Einfach so. Ich bin kein wehleidiger Typ, aber jetzt fühle ich mich völlig allein gelassen. Der Rumpeln in meinem Leib beendet den Anfall von Selbstmitleid. Gegen 17 Uhr kommen Andrea und Max nach Hause.

»Wie gehts dir denn?« Sie streichelt mir über die Stirn.

»Super«, behaupte ich. »Ich habe mir Wadenwickel umgelegt und kuriere alles in Ruhe aus.«

»Viele Frauen klagen über wehleidige Männer. Du bist eine rühmliche Ausnahme.«

47

Unverhoffter Besuch kommt nicht oft

Als gebürtiger Westfale mag ich keine Überraschungen, daher plane ich immer den nächsten Tag im Voraus. Zwar nur grob, doch Abweichungen von meiner Agenda verursachen schlechte Laune. Andrea mag es hingegen lieber spontan. Sie trifft Entscheidungen aus dem Bauch heraus, was mich manchmal kurzfristig irritiert. Nach fünf Minuten innerlichen Fluchens ist die Welt aber wieder in Ordnung, in der Regel.

Wir sitzen am Freitagabend beim Fernsehkrimi zusammen. Dabei male ich mir vor meinem geistigen Auge ein stinklangweiliges

Wochenende aus: gemütlich frühstücken, arbeiten, kochen und lecker essen, lesen und ein öder, aber entspannter Ausklang …

»Morgen übernachtet übrigens Emma bei uns. Sie wird uns nicht stören. Möchtest du noch Chips?«

»Was hast du eben gesagt?«

»Ob du noch Chips möchtest? Es sind nicht mehr viele in der Tüte.«

Ich setze mich auf. »Nee, irgendwas mit Emma und Übernachten. Wer ist diese Frau?«

»Eine Bekannte. Die spielt Gitarre bei den Barnbeck Wildcats. Die Band tritt auf dem Musikfestival in der Innenstadt auf und brauchte noch eine Übernachtungsmöglichkeit. Keine Sorge, sie kommt in der Nacht und ist Sonntag früh gleich wieder weg.«

»Du hast noch nie von ihr erzählt.«

»Du kennst doch Emma«, entgegnet meine Liebste entrüstet. »Die Freundin von Sandras Cousine Nicole.«

Ich kenne weder Sandra noch Nicole.

»Ah, natürlich«, sage ich. »Trotzdem blöd. Ich muss mich zusammenreißen und kann nicht nackt durch die Wohnung laufen.«

»Stell dich nicht so an. Das machst du sonst auch nie.«

Damit sind meine Argumente erschöpft. Ich muss in den sauren Apfel beißen, wenn ich Streit vermeiden will. Und Streit mag ich noch weniger als unangenehme Überraschungen.

»Ich freu mich riesig«, lüge ich.

»Ich wusste, dass du begeistert sein wirst«, drückt mir mein Schatz einen Kuss auf die Stirn. Samstagabend verbringe ich wie geplant. Mit meiner Liebsten im Arm drösele ich vorm Fernseher weg. Nur der angekündigte Besuch von Emma verursacht leichte Nervosität.

»Wollte diese Emma nicht um 21 Uhr kommen?«, frage ich im Halbschlaf. »Es ist bereits 22 Uhr.«

»Die ist bestimmt gleich da«, gähnt mein Schatz.

Irgendwann schrecken wir hoch. Charles Bronson spielt auf der Mundharmonika im Nachtfilm gerade das Lied vom Tod.

»Ich mag doch keine Western«, beschwert sich Andrea. »Bei dem Geballer ist kein gesunder Fernsehschlaf möglich.«

Sekunden später stellen wir fest, dass wir nicht vom Todeslied, sondern von der Klingel geweckt wurden. Auf dem Monitor der Freisprechanlage entdecke ich ein junges Mädel mit grün gefärbten Haaren. Emma. Wenig später steht sie in unserer Tür.

»Sorry, Asche über mein Haupt. Ich bin leider viel zu spät«, umarmt sie erst Andrea, dann mich.

»Macht doch nichts«, versichert Andrea.

»Ihr seid so süß. Ich save euch in my heart.«

Aha. Wir deuten vorsichtig an, dass wir jetzt ins Bett möchten, doch Emma will uns unbedingt einige Folksongs aus ihrem breiten Repertoire vorspielen. Dem können wir als höfliche Gastgeber nicht widersprechen, immerhin befindet sich Emma morgen früh wieder auf dem Weg nach Hamburg. Das ist die letzte Gelegenheit. Als ich bei *If I had a Hammer* losschnarche, hat sie Erbarmen. »Ihr seid wirklich müde. Mit über 40 hat man keine Kondition mehr. Never mind.«

Dankbar hieven wir uns vom Sofa und schleichen Richtung Schlafzimmer.

»Weil es bei euch so nice ist, habe ich beschlossen, meinen Aufenthalt in eurer Stadt auf eine Woche zu verlängern. Außerdem ist es näher nach Stockholm, da spielen wir nächstes Wochenende. I love you both. Party all night long.«

Während ich die Augen verdrehe, ruft meine Liebste »Kein Problem, du bist ein gern gesehener Gast« über die Schulter.

»Joachim und Bernd übernachten morgen auch hier, wenn es euch nichts ausmacht. Die haben bisher bei Dietmar geschlafen, doch der qualmt immer seine Bude voll.«

»Kein Problem«, sagt mein Schatz.

»Kein Problem?«, flüstere ich im Schlafzimmer. »Wir wollen doch nicht wirklich eine Woche lang diese Partypeople beherbergen? Jede Nacht bis zur völligen Erschöpfung Kirchentagslieder grölen. Nenn mich spießig, aber mir gefällt das nicht.«

»Du könntest wirklich aufgeschlossener sein, Michael. Aber eine ganze Woche ist wirklich viel. Wie sollen wir das Emma nur beibringen? Am besten wäre es, wenn sie von selbst geht.«

Mir kommt da eine Idee …

Am nächsten Abend trudeln Emma, Joachim und Bernd um Mitternacht ein. Ich nehme die Geräusche nur aus dem Schlafzimmer wahr. Andrea begrüßt die Gäste.

Während aus dem Wohnzimmer *American Pie* und *City of New Orleans* dringen, betritt mein Schatz den Raum.

»Ich habe gesagt, du schläfst. Da wollten sie dir ein Gutenachtständchen darbieten.« Andrea fällt ins Bett und schläft wie ein Stein. Bewundernswert, bei dem Lärm.

Ich lese, zähle Schäfchen, lese, surfe im Internet. Um drei Uhr kehrt Ruhe ein. Ich warte noch eine Stunde, bis ich Andrea wecke. Dann entkleide ich mich und wandere mit brennender Zigarette ins Wohnzimmer.

»Pillemann, Arschloch, Fotze.«

Joachim rekelt sich schlaftrunken.

»Ey, mach die Kippe aus, Mann.«

»Hurenbock, Wichser, Arschloch.«

Emma setzt sich auf und reibt sich die Augen.

»Micha, du bist ja nackt. Was soll das?«

»Penner, Kackbohne, Spießer.«

Andrea rennt ins Wohnzimmer. »Tut mir leid. Michael schlafwandelt und leidet dabei am Tourette-Syndrom. Haben wir vergessen, euch zu erzählen.«

Sie führt mich wieder ins Schlafzimmer zurück und murmelt unentwegt: »Ganz ruhig, Michael, ganz ruhig.«

Am nächsten Morgen teilt uns Emma mit, dass sie sich nach einer anderen Übernachtungsmöglichkeit umsehen wird, wäre ja doch recht beengt bei uns. Das tut uns leid. Als sich die Tür hinter unseren Gästen geschlossen hat, feixen wir und klatschen uns ab. Manchmal habe ich richtig gute Ideen. Es klingelt.

»Habt ihr was vergessen?«, fragt Andrea.

»Ich möchte mich entschuldigen«, höre ich Emma. »Ich war von Michaels Krankheit wirklich unangenehm berührt, dabei kann doch der Ärmste nichts dafür. Aus Solidarität mit Micha haben wir beschlossen, die nächste Woche doch bei euch zu verbringen. Ist das nicht super? Ihr habt es echt nicht leicht im Leben. Let the party begin.«

111 GRÜNDE, IHR KIND AUF DEN MOND ZU SCHIESSEN

WIE ELTERN TROTZ STRESSIGER UND ZU TODE NERVENDER SITUATIONEN ENTSPANNT BLEIBEN UND DIE ERSTEN JAHRE MIT DEN KLEINEN NERVENSÄGEN GUT GELAUNT ÜBERSTEHEN

111 GRÜNDE, IHR KIND AUF DEN MOND ZU SCHIESSEN (UND NOCH MEHR, ES NICHT ZU TUN)
WIE SIE ENTSPANNT BLEIBEN UND DIE ERSTEN JAHRE MIT DEN KLEINEN
NERVENSÄGEN MEHR ODER WENIGER GUT GELAUNT ÜBERSTEHEN
Von Martin Klein
264 Seiten, Taschenbuch
ISBN 978-3-86265-358-4 | Preis 9,95 €

»Es ist normal, wenn Sie gelegentlich Lust haben, Ihre Kinder aus dem Fenster zu werfen. Es ist nicht normal, wenn Sie es tun!«, sagte Amelie Fried sehr treffend. Der Autor Martin Klein wird tagtäglich von seinem Schreibtisch weggeholt, weil ein Baumhaus zu bauen, ein Streit zu schlichten oder eine knifflige Rechenaufgabe zu lösen ist.

In seinem neuen Buch hat er 111 dieser Situationen festgehalten, in denen er statt Baumhäusern lieber funktionsfähige Raketen gebaut hätte, um die lieben Kleinen ins All zu katapultieren. Was er letzten Endes natürlich nie tun würde.

Mit seinen hemmungslos überzeichneten Darstellungen alltäglicher und skurriler Situationen und vielen praktischen Tipps ist dieses Buch sowohl ein nützlicher Ratgeber als auch unterhaltsames Lesevergnügen für alle genervten Eltern.

52 WUNDERBARE WOCHENENDEN

FANTASIEVOLLE, PRAXISERPROBTE TIPPS FÜR DIE GANZE FAMILIE –
EIN INSPIRIERENDER RATGEBER!

52 WUNDERBARE WOCHENENDEN
LUSTIGE, VERRÜCKTE UND SCHÖNE IDEEN
FÜR DIE GANZE FAMILIE
Von Sabine Bohlmann
232 Seiten, Taschenbuch
ISBN 978-3-86265-223-5 | Preis 9,95 €

Langweilige Wochenenden gibt es bei Sabine Bohlmann nicht. Wie wäre es mit einer Reise in die Vergangenheit? Oder einer Fotosafari? Wie sieht ein Wochenende aus, an dem man kein Geld ausgeben will? Kann man zwei Tage ohne Strom verbringen? Und faulenzen auf Kommando – geht das?

»52 wunderbare Wochenenden« enthält neben unterhaltsamen Anekdoten aus Sabine Bohlmanns eigenem Familienleben zahlreiche konkrete Vorschläge für eine abwechslungsreiche Freizeit mit Kindern, seien es Bastelanleitungen, Rezeptvorschläge oder Spielideen. Ganz oben auf der Liste steht allerdings der Hinweis: Alles kann, nichts muss! So verstehen sich die fantasievollen Tipps in erster Linie als Anregung, die kostbare gemeinsame Zeit zu genießen.

Ein liebevoller, kreativer Ratgeber, der in keiner Familie fehlen sollte.

111 REGELN FÜR MEINEN SOHN

DAS PERSÖNLICHE UND HUMORVOLLE BUCH EINES VATERS FÜR SEINEN SOHN –
EINE EINLADUNG ZUR DISKUSSION DARÜBER, WAS UNS IM LEBEN WICHTIG IST

111 REGELN FÜR MEINEN SOHN
EINE LIEBEVOLLE ANLEITUNG ZUM ERWACHSENWERDEN
Von Frank Hertel
Mit Illustrationen von Jana Moskito
240 Seiten, Taschenbuch
ISBN 978-3-86265-317-1 | Preis 9,95 €

Frank Hertel ist ein liebevoller und fürsorglicher Vater. Er ist außerdem ein unbequemer Autor, der sich viele Gedanken macht um den Zustand unserer Gesellschaft.

Sein Buch »111 Regeln für meinen Sohn« kann als echter Ratgeber gelesen werden, der Eltern Orientierungshilfe bei der Erziehung ihrer Kinder bieten soll, es enthält aber zugleich auch zahlreiche Passagen zu Themen wie Krieg, Karriere und Gleich-

berechtigung, die durchaus zeitkritisch verstanden werden können – und wir reden hier nicht von Klischeeabarbeitungen à la Mario Barth.

Die 111 knallharten Regeln für Söhne sind vielleicht nicht immer ernst gemeint, aber doch in der Annahme zusammengestellt worden, dass Jungs und Männer, die sich daran halten, im Leben nicht ganz erfolglos sein werden.

MICHAEL BRESSER wurde 1971 im Ruhrgebiet zwischen Schächten und Schloten geboren. Heute raucht nur noch sein Kopf. Freilich zieht er gelegentlich selbst eine Kippe in äußersten Notfallsituationen durch, die schon mal öfter passieren können, wenn man plötzlich Papa eines fünfjährigen aufgeweckten Sohnes wird. 2007 migrierte er nach Hannover, einer Stadt mit dem Charme einer Doppelhaushälfte. Die findet zwar fast jeder spießig, lebt dann aber seltsamerweise doch gern dort. Bresser veröffentlichte neben diversen Münsterländerkrimis (zuletzt 2014 mit Martin Springberg: KEIN SCHWEIN BRINGT MICH UM) zusammen mit seiner Frau Stephanie Risting-Bresser 111 GRÜNDE, HANNOVER 96 ZU LIEBEN (Schwarzkopf & Schwarzkopf Verlag).

Michael Bresser
SEIT GESTERN HASSE ICH MÖHREN
Geschichten aus dem Alltagswahnsinn einer Patchworkfamilie
Mit Illustrationen von Jana Moskito

ISBN 978-3-86265-397-3
© Schwarzkopf & Schwarzkopf Verlag GmbH, Berlin 2014

KATALOG
Wir senden Ihnen gern kostenlos unseren Katalog
Schwarzkopf & Schwarzkopf Verlag GmbH / Abt. Service
Kastanienallee 32 | 10435 Berlin
Telefon: 030 – 44 33 63 00
Fax: 030 – 44 33 63 044

INTERNET | E-MAIL
www.schwarzkopf-schwarzkopf.de
info@schwarzkopf-schwarzkopf.de